RECUEIL

DE PLANCHES,

SUR

LES SCIENCES,

LES ARTS LIBÉRAUX,

ET

LES ARTS MÉCHANIQUES,

AVEC LEUR EXPLICATION.

TRAVAIL DU FER

A PARIS,

AVEC APPROBATION ET PRIVILEGE DU ROY.

CHAINETIER,

CONTENANT TROIS PLANCHES.

PLANCHE Iere.

LA vignette repréſente l'intérieur d'une boutique, dans laquelle ſont quelques établis, armoires & atteliers, pour y accrocher les chaînes.

Fig. 1. Ouvrier occupé à ployer du fil de fer ou de laiton, pour former les boucles des maillons.

2. Autre ouvrier qui coupe avec les ciſailles le fil de fer ou de laiton, après qu'il en a été employé une longueur convenable pour former un maillon.

Bas de la Planche.

Fig. 1. Chaîne à la catalogne ronde.
2. Chaîne à la catalogne longue.
3. Chaîne quarrée pour ſuſpendre les clés des montres.
4. Chaîne à S plates.
5. Chaîne à quatre faces.
6. Chaîne en gerbe.
7. Outil nommé *fourchette*, pour ployer les chaînes en gerbe.
8. Chaîne à trois faces.
9. Chaîne à bouts renfoncée, ou chaîne renforcée.
10. Chaîne à la catalogne double.
11. Lime triangulaire pour couper les gros fils de fer.
12. Pinces rondes pour tourner les maillons.
13. Pinces à couper.
14. Becquettes.
15. Bec-de-canne.
16. Ciſailles.
17. Bigorne.
18. S ou jauge.
19. Partie d'un des établis, ſur lequel on voit un tas ou petite enclume, des ciſailles, des tenailles, & la ſibille dans laquelle on met les maillons, à meſure qu'ils ſont formés.

PLANCHE II.

Fabrique des chaînettes pour l'horlogerie.

Ce petit ouvrage exige un très-grand nombre d'opérations diverſes, telles que 1. piquer les lames ; 2. limer les bavures des trous ; 3. repiquer les lames ; 4. couper les paillons ; 5. faire les crochets ; 6. faire les coupilles ; 7. coupiller les paillons ; 8. égayer la chaînette ; 9. limer la chaînette, & reformer les paillons ; 10. tremper & revenir la chaînette ; 11. la polir.

Nous avons repréſenté toutes ces manœuvres dans les figures ſuivantes, & nous les avons expliquées en détail à l'article *Montre. Voyez* l'art. *Montre, horlogerie.*

La chaînette eſt compoſée de trois pieces, les paillons, les coupilles & les crochets.

Fig. 1. *a b*, un paillon.
e f, le profil d'un paillon.
A B, le paillon en perſpective.
2. Vûe directe d'une des faces de la chaînette ou des paillons externes qui la compoſent.
A, crochet.
3. Chaînette ou l'eſpece de charniere qu'elle forme, repréſentée de côté ou de profil.
4. Maniere dont les paillons ſont liés.
5. Chaînette ou l'eſpece de charniere qu'elle forme, vûe en perſpective.
6. Chaînette pour pendule à cinq rangs de paillons, vûe de côté ou de profil.
7. A B, matrice.
C D, poinçon ou coupoir.
8. Le même poinçon ou coupoir vû en perſpective & par le côté.
9. Matrice à laquelle eſt appliquée la face limée & plate de la lame.
10. Bois à piquer B D, dans l'étau.
A, poinçon à piquer, avec le marteau à côté.
a t, la lame à piquer.
11. Aſſemblage de différentes machines propres à l'opération de couper les paillons.

25. Chaînetier.

F G, petite enclume priſe dans un étau.
D E, matrice lardée dans l'entaille de la petite enclume.
A B, poinçon.
e f, bras du poinçon.
b g, coupoir fortement attaché au bras *e f.*
L, talon ſervant à retenir ſolidement la tête du coupoir.
12. Maniere de piquer les crochets.
13. Inſtrument à couper les crochets.
14. Fil d'acier à faire les coupilles.
15. n. 1. Maniere de faire la pointe au fil d'acier pour les coupilles.
A B C, la pince ou tenaille.
E F, vis à ſerrer les mâchoires de la pince.
G H, le fil à coupille.
K, morceau d'os ou de buis, avec une entaille pour tourner le fil, en lui faiſant la pointe.

PLANCHE III.

15. n. 2. Maniere de coupiller les paillons.
e E, crochet.
c d, C D, pointes.
g h, G H, paillons.
16. Paillons & crochet traverſés d'une pointe, à l'étau.
17. Paillons & crochet traverſés d'une pointe, à l'étau, avec la bruxelle A B C.
18. Paillons & crochets traverſés d'une pointe placée entre les mâchoires tranchantes de la tenaille.
19. Les mêmes objets qu'à la *fig.* 18. mais on voit ici les petites concavités *a n*, *a n*, qu'on a pratiquées aux faces extérieures des paillons que les têtes de la coupille rempliront.
A, la tenaille.
a n, *a n*, paillons & concavités des paillons.
b, *b*, coupille.
20. Maniere de former les têtes dans les petites cavités des paillons.
21. Continuation du travail & de la chaîne par l'interpoſition du paillon *k* entre les paillons aſſemblés *g h.*
22. Maniere d'égayer la chaînette.
A B, la lime à égayer.
D N, coupe tranſverſale de cette ligne.
E F, E F, poignées.
23. Maniere de limer les faces de la chaînette.
A B, bâton à limer mis à l'étau.
B, crochet du bâton à limer.
C D, lime douce ordinaire.
24. Maniere de limer les côtés de la chaînette.
A B, petite lime ronde miſe à l'étau.
B, le bouton de la lime ronde.
25. Maniere d'enlever les bavures, & de réparer la chaînette.
C D, la lime à égayer.
C, *b g*, coche de cette lime où la chaînette eſt placée.
A B, lime plate douce.
26. Maniere de reformer les paillons.
D F, lime à reformer, miſe à l'étau.
a b, coupe tranſverſale de la lime à égayer.
b f, Coupe tranſverſale de la lime à reformer.
27. Tranchant A B d'un burin ordinaire, faiſant la fonction d'une lime à reformer.
28. Tremper & revenir la chaînette. On la voit roulée autour d'un chalumeau A.
29. Polir la chaînette.
E B, morceau de bois qu'on appelle *quarré.*
30. Crochet appliqué au barrillet.
A B, portion de la coupe circulaire du barrillet.
b, crochet.
a n, talon ou épron du crochet.
31. Crochet appliqué à la fuſée.
D G, portion de la circonférence de la fuſée.
a, petit cylindre que le bout du crochet embraſſe.

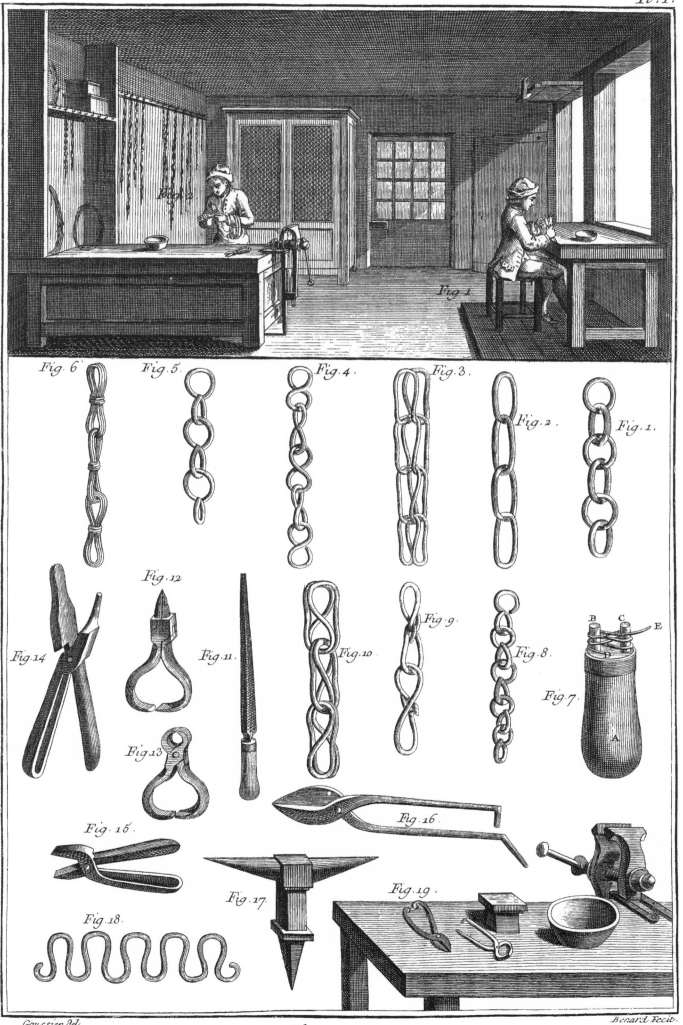

Pl. I.

Fig. 2.

Fig. 1.

Fig. 6. Fig. 5. Fig. 4. Fig. 3. Fig. 2. Fig. 1.

Fig. 12.

Fig. 14. Fig. 11. Fig. 10. Fig. 9. Fig. 8.

Fig. 13. Fig. 7.

B C E
D
A

Fig. 16.

Fig. 15.

Fig. 17. Fig. 19.

Fig. 18.

Goussier del. Benard Fecit.

Chainetier

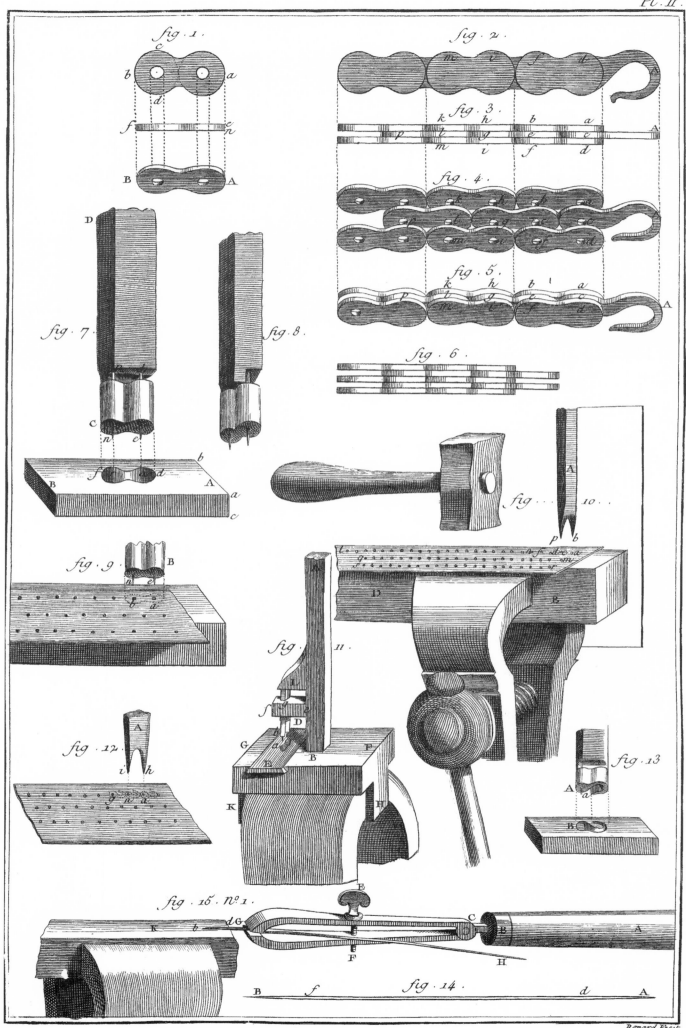

Pl. II.

Chainetier,

Benard Fecit.

Pl. III.

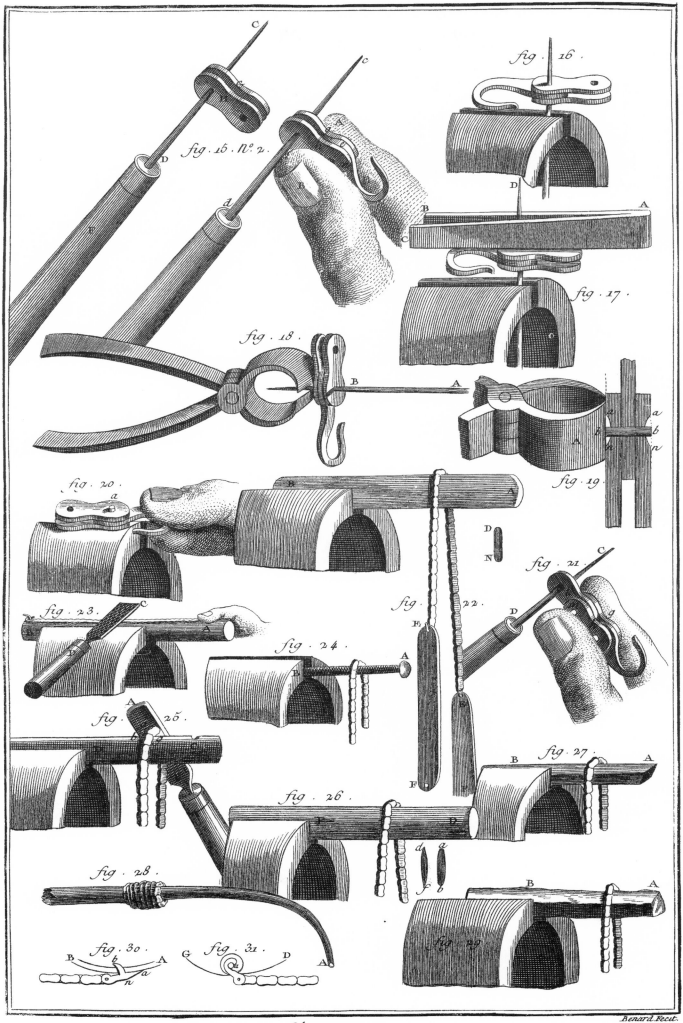

fig. 15. N.º 2.

fig. 16.

fig. 17.

fig. 18.

fig. 19.

fig. 20.

fig. 21.

fig. 22.

fig. 23.

fig. 24.

fig. 25.

fig. 26.

fig. 27.

fig. 28.

fig. 29.

fig. 30.

fig. 31.

Benard Fecit.

Chainetier.

CHAUDRONNIER,

CONTENANT QUATRE PLANCHES.

Il y a trois sortes de chaudronniers, le chaudronnier-grossier, le chaudronnier-planeur, & le chaudronnier-faiseur d'instrumens de musique.

PLANCHE Iere.

Chaudronnier-grossier.

LA vignette ou le haut de la Planche représente la boutique & les opérations du chaudronnier-grossier.

Fig. 1. Ouvrier qui rétreint une piece.
2. Ouvrier qui tourne.
3. Le tourneur de roue.
4. Etameur.
5. Une boule à rétreindre.
6. Ouvrier qui emboutit.
7. n. 1. Ouvrier qui a percé les trous pour river, & qui rive.
7. n. 2. Ouvrier qui rétreint sur le chevalet.
8. Ouvrier qui appuie le canon.
 a, chaudiere.
 b, pieces de la chaudiere, prêtes à être employées.
 c, chevalet.
 d, marteau.
 e, poîle à poix résine.
 f, poîle à feu sur son pié.
 g, casserole qu'on étame.

Bas de la Planche.

1. Bigorne à deux bras.
2. Bigorne à caffetiere & autres vaisseaux pareils.
3. Autre bigorne.
4. Bigorne portant suage.
5. Suage.
 a, trou pour le suage, *fig.* 4.
 b, le suage, *fig.* 5.
6. Morceau de cuivre prêt à être employé à un vaisseau, comme une casserole, &c.
7. Casserole faite & garnie de sa queue.
8. Marteau à tête & à panne.
9. Paroir ou grattoir.
10. Autre paroir.
11. Fond d'une marmite de deux pieces.
12. Corps de la marmite.
13. Chevalet.
14. Couvercle d'une tourtiere.
15. Tourtiere.
16. Ecumoire.
17. n. 1. Tas ou boule.
17. n. 2. Boules, l'une ronde, & l'autre ovale.
 a, l'ovale.
 b, la ronde.

PLANCHE II.

Fig. 1. Morceau de cuivre pour une poissonniere.
2. La poissonniere achevée.
 a, l'anse.
3. Marmite au sortir de la fonderie.
4. Marmite finie.
5. Petite fontaine domestique.
6. Sa cuvette.
7. Coupe d'une fontaine sablée.
8. Couvercle de dessus.
9. Couvercle du premier diaphragme ou pannache.
10. Havissure.
11. Un des pannaches ou diaphragmes.
12. Un des couvercles vû en-dessous.
13. Un autre couvercle plus petit, vû aussi en-dessous.
14. Chaudron.
15. Clou.
 N. 3. *Chaudronnier.*

16. Tour pour les marmites.
17. Chasse-rivet.
18. Canon.
19. Emporte-piece en forme de cœur.
20. Emporte-piece rond.
21. Emporte-piece en croissant.
22. Poinçon.
23. Emporte-piece en forme d'étoile.
24. Emporte-piece en tiers-point.
25. Plan d'une chaudiere.
26. Chaudiere.
27. Agraffes de la chaudiere, en cuivre.
28. Agraffes en fer.
29. Baignoire.
30, 30, 30. Moulures qui s'appliquent autour de la baignoire.

PLANCHE III.

Chaudronnier-planeur.

La vignette ou le haut de la Planche montre la boutique d'un chaudronnier-planeur.

Fig. 1. Ouvrier occupé à gratter un cuivre coupé à-peu-près de la grandeur demandée; car il s'étend sous le marteau du planeur presque d'un cinquieme.
 a, le cuivre que l'ouvrier gratte.
 b, autre cuivre à gratter.
 x, *x*, son grattoir ou paloir.
L'effet de cette opération est d'ôter au cuivre la crasse dont il est couvert au sortir de la manufacture. De-là il passe entre les mains du planeur.
2. Planeur.
 d, le cuivre.
 c, le billot qui porte le tas.
L'effet de cette opération est de rendre le cuivre plus compact; plus il est plané, plus il s'étend; plus il perd de son épaisseur, & plus il acquiert de solidité; sa surface en devient aussi plus égale, & ses bords ne sont plus droits. C'est par cette raison qu'il faut le rogner à l'équerre avec la cisaille ou force. Le cuivre rogné passe au ponceur.
3. Ouvrier qui ponce. La ponce enleve les inégalités du marteau. A mesure que l'ouvrier ponce, il arrose son cuivre avec de l'eau.
La ponce qui enleve les inégalités du marteau, fait au cuivre des raies qu'il s'agit d'effacer.
4. Ouvrier qui reçoit le cuivre du ponceur, & qui enleve les traits de la ponce; ce qu'il exécute avec un morceau de charbon de bois blanc préparé, comme on le dira à l'article planer.
 e, baquet plein d'eau avec très-petite quantité d'eau-forte; l'ouvrier en arrose son cuivre posé sur la planche que les bords du baquet soutiennent. Le cuivre est arrêté sur la planche entre quatre petites pointes.
Quand le charbon a enlevé ces traits de la ponce, le cuivre est ce qu'on appelle *adouci* ou *charbonné*. Il faut maintenant le polir ou brunir.
5. Ouvrier qui pese un cuivre.
6. Ouvrier qui présente un cuivre à un graveur, *fig.* 7.
 f, un cuivre achevé ou brut.

Bas de la Planche.

1. Marteau à étirer.
2. Marteau à dresser.
3. Marteau à planer.

4. Le tas ou l'enclume à dreſſer, couverte d'un parchemin.

5. L'enclume ou le tas à planer.

6. & 7. Deux grattoirs ou paloirs.
Ce ſont deux morceaux d'acier trempé, à langue tran-
chante des deux côtés, & montés ſur un manche
de bois, avec une virole.

8. La ciſaille ou force.

9. L'équerre.

10. Le baquet avec la planche ſur laquelle on ponce &
charbonne. On tient la ponce à la main ; mais le
charbon eſt enveloppé d'un petit chiffon.

a, le baquet.

b, l'intérieur du baquet.

c c, la planche.

d, la ponce.

e, le charbon.

f, le cuivre arrêté ſur la planche par quatre petites
pointes.

g, taſſeau qui ſoutient la planche un peu obliquement
ſur le baquet. Cette obliquité fait que l'eau redeſ-
cend toujours de deſſus le cuivre dans le baquet.

11. Bruniſſoir. C'eſt le même que celui des argenteurs ;
il eſt d'acier bien poli & émouſſé par les côtés.

PLANCHE IV.

Chaudronnier-faiſeur d'inſtrumens de muſique.

La vignette ou le haut de la Planche repréſente la
boutique de cet ouvrier.

Fig. 1. Ouvrier qui donne la premiere forme à un morceau de cuivre deſtiné pour un cor de chaſſe ; ce
qu'il exécute ſur un mandrin de fer rond & long,
fixé à la muraille.

a b, le mandrin couvert en partie du morceau de
cuivre.

2. Ouvrier qui ſoude les différentes pieces qui forment le cor de chaſſe, la trompette ou tel autre
inſtrument de la même ſorte.

a b c d, la forge.

e, le ſoufflet.

3. Ouvrier qui verſe du plomb fondu dans le cor,
pour pouvoir le courber ſans lui faire perdre ſa
rondeur.

f, g, le fourneau à fondre le plomb.

h, la poîle qui tient le plomb fondu.

4. Ouvrier qui contourne le cor rempli de plomb.
Quand le cor aura la forme qui lui convient, on
le mettra chauffer, pour le vuider du plomb dont
il eſt rempli.

5. Bigorne à faire les pavillons.

6. Tas ou enclume.

Bas de la Planche.

1. L'étau.

2. Tenaille à vis & à main.

3. 4. pinces.

a, pince ronde.

b, pince plate.

5. Ciſaille.

6. Lime plate.

7. Lime ronde.

8. Bruniſſoir crochu.

9. Poinçon.

10. & 11. Compas.

a, compas à jauge ou d'épaiſſeur.

b, compas ordinaire.

12. & 13. Suage.

14. Petit tas.

15. Grand tas ou enclume avec ſon billot.

16. Bigorne avec ſon billot.

17. Mandrin.

18. Petit mandrin.

19. *a b*, développement du cor de chaſſe.

20. Développement du pavillon.

21. Cor de chaſſe avant que d'être courbé.

22. Cor de chaſſe achevé.

a, l'embouchure.

b, le pavillon.

23. Trompette.

a, l'embouchure.

b, le pavillon.

24. Porte-voix.

25. Cornet acouſtique.

26. Timballe.

o, o, o, cercle pour monter la peau, & la tendre par
le moyen des vis *p q*.

27. La vis ſéparée *p q*.

28. La clé *r*. *Voyez* les art. *Etamer, Rétreindre, Fontaine,
Cor, Tas, Marteau, Planer*, & autres.

Pl. I.

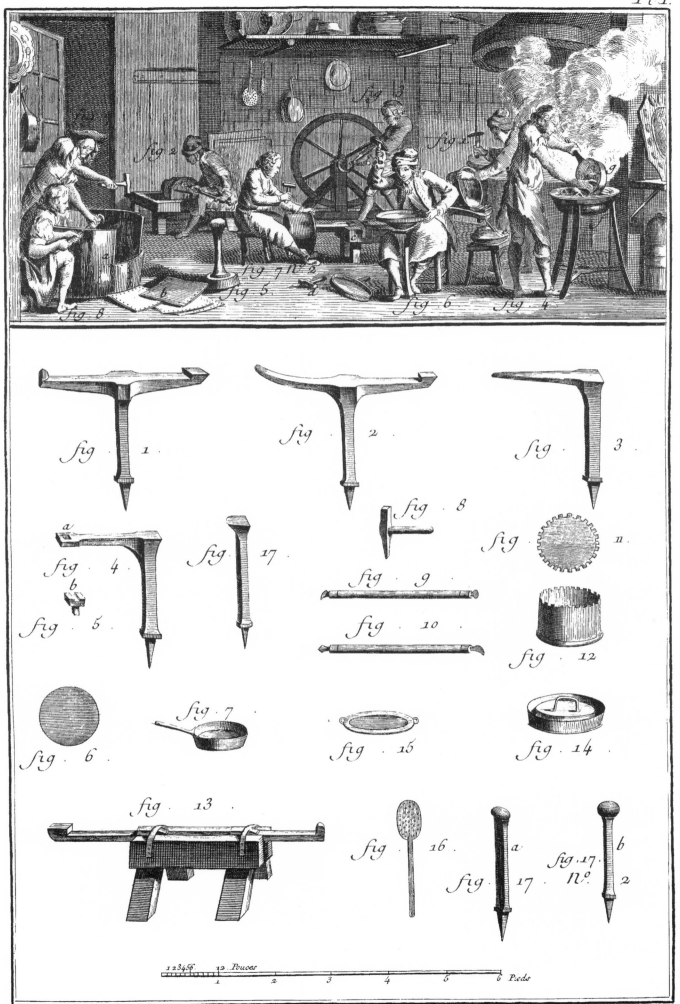

Chaudronnier
Grossier.

Pl. II.

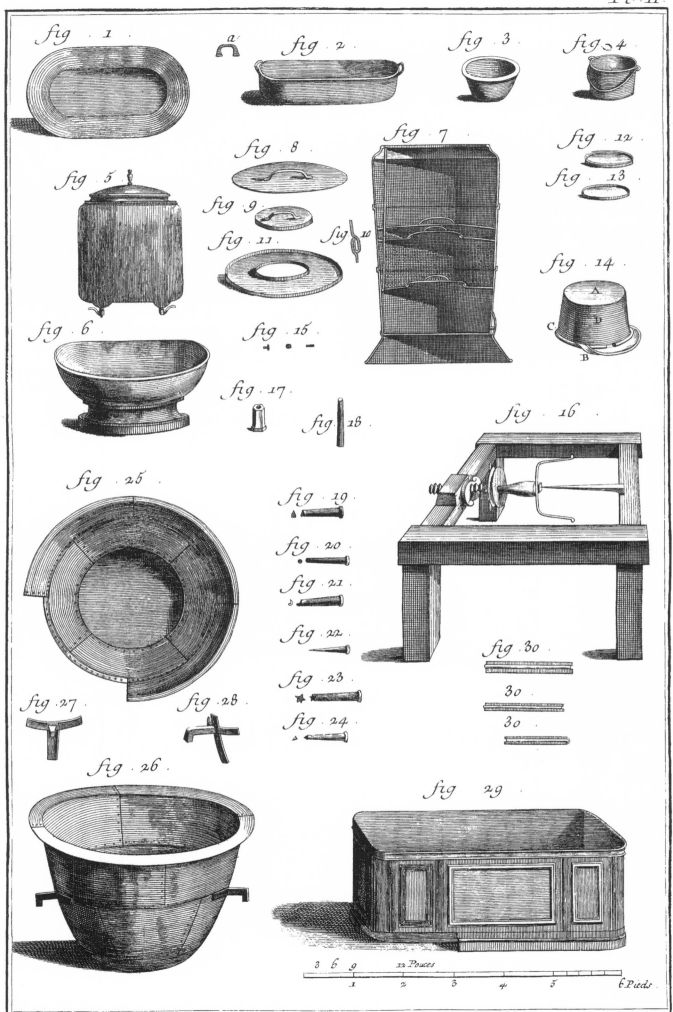

fig. 1
fig. 2
fig. 3
fig. 4
fig. 8
fig. 7
fig. 12
fig. 13
fig. 5
fig. 9
fig. 11
fig. 10
fig. 14
fig. 6
fig. 15
fig. 17
fig. 16
fig. 18
fig. 25
fig. 19
fig. 20
fig. 21
fig. 22
fig. 23
fig. 24
fig. 30
30
30
fig. 27
fig. 28
fig. 26
fig. 29

3 6 9   12 Pouces
1   2   3   4   5   6 Pieds

Benard Fecit.

Chaudronnier
Grossier.

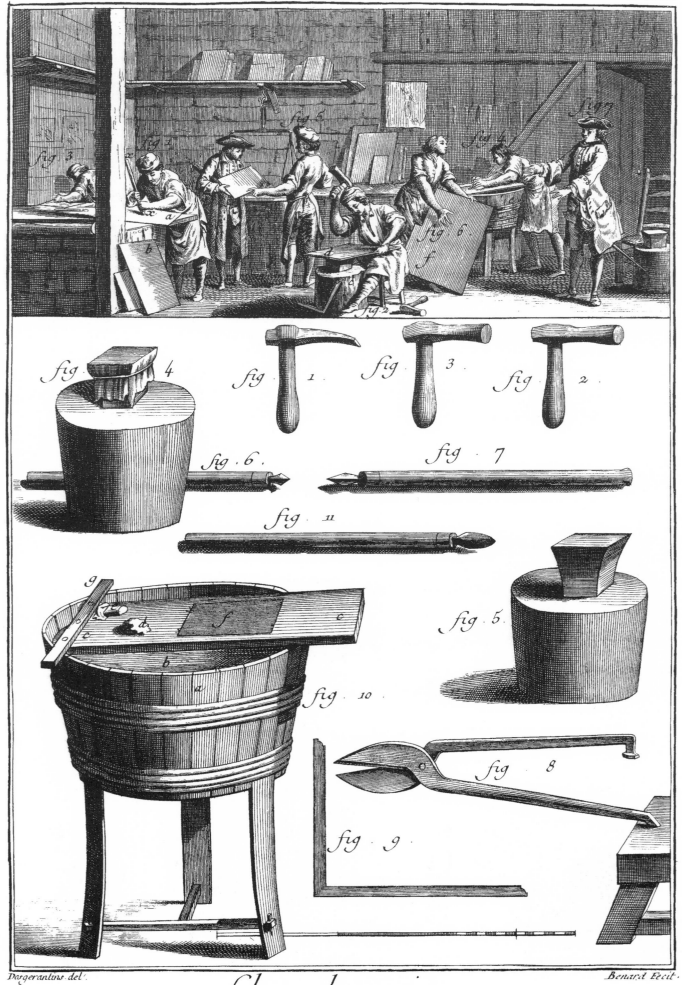

Pl. III.

fig . 4

fig . 1

fig . 3

fig . 2

fig . 6 .

fig . 7

fig . 11

fig . 5 .

fig . 10

fig . 8

fig . 9 .

Dergerantins del.

Benard Fecit.

Chaudronnier

Planeur .

Pl. IV.

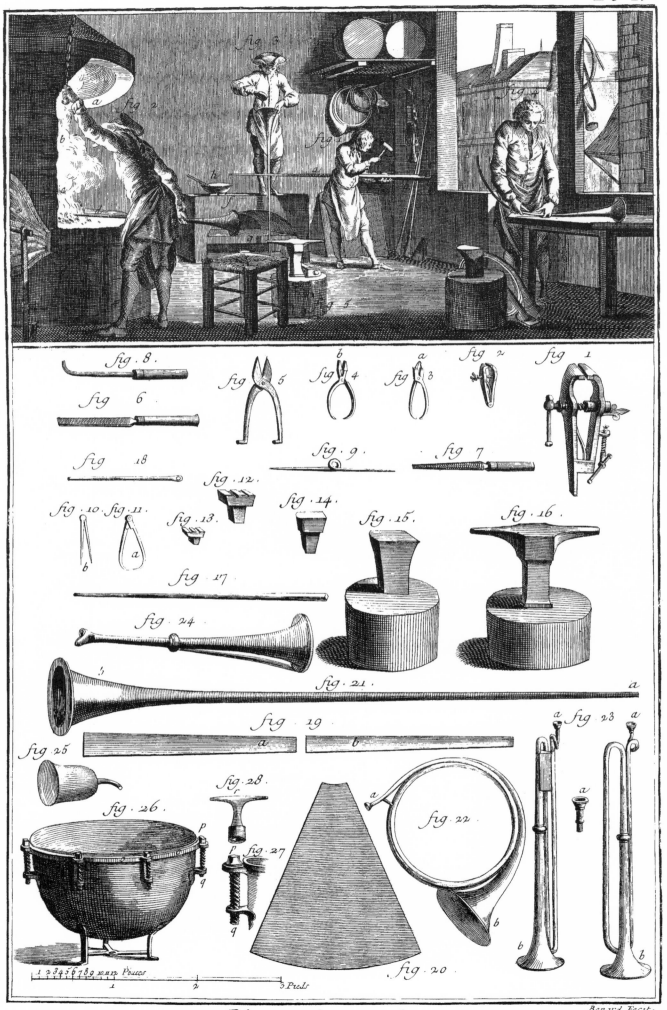

Chaudronnier
Faiseur d'Instruments.

Benard Fecit.

CLOUTIER D'EPINGLES,

CONTENANT DEUX PLANCHES.

PLANCHE Iere.

LA vignette repréfente l'intérieur d'une boutique de ces fortes d'ouvriers.

Fig. 1. Ouvrier qui coupe les hampes ou longueurs de pointes avec les cifailles, après qu'elles ont été empointées. On voit dans le fond la roue de l'em-pointeur. *Voyez* auffi les Planches de l'épinglier & leur explication.

2. Ouvrier qui fait la tête d'une pointe en un ou deux coups de marteau. Il prend de la main gauche une hampe dans une boîte qui eft à côté de lui.

3. Ouvriere qui fait des têtes de pointes rondes. Elle tient de la main gauche le poinçon à étamper, dont l'extrémité inférieure a un creux de la forme dont on veut que foit la tête; elle frappe de la main droite.

4. Ouvrier occupé à faire un grillage de fil de fer ou de laiton.

Bas de la Planche.

Fig. 1. Effe pour jauger le fil de fer.
2. Enclume.
3. Affortiffoir.
4. Métier ou chaffis du fabriquant de grillages, & une bordure pour commencer un grillage.
5. Repréfentation en grand de quelques mailles de grillage, pour faire voir comment les fils font tortillés & liés à la bordure.
6. Petite triquoife.
7. Vanoir.
8, 9, 8, 9, Hampes & clous d'épingles achevés.

PLANCHE II.

Fig. 10. Tournettes.
11. Rouet.
  A, tabernacle.
12. La meuloire vûe de face.
  A, tabernacle.
  b, garde-vûe.
  1, 2, fupports de la meule.
  3, la meule.

4, fupport de la meule.
5, la meule.
6, poulie fixée fur l'arbre de la meule.
7, corde qui fait tourner la meule.
8, arbre de la meule.
13. Banc à couper.
  1, appui de la branche fixe du cifeau.
  2, forces, cifaille ou cifeau.
  3, table du banc.
14. Etabli avec l'étau & fon mordant.
  1, taffet.
  2, billot.
  3, marteau.
  4, étau.
  5, mordant.
  6, clou dans le mordant.
  7, faquet pour recevoir le clou. C'eft ordinairement une calotte de vieux chapeau.
15. Engin ou dreffoir.
16. Mordant.
17 & 18. Boutriots ou poinçons.
19. Marteau.
20. Clé à engin.
21. Poinçon à étamper.
22. Reffort du mordant.
23. Serre de carte pour le mordant.
24. Serre de fer pour le mordant.
25. Motte à éclaircir le clou.
26 & 27. Doigtiers de cuir.
28. Fufeau ou arbre de la meule.
29. Boîte à couper.
30. Cifeau.
31. Bec-de-canne.
32. Mefure.
33. Sac à éclaircir le clou.
34. Billot garni.
35. Pince.
36. Taffet.
37. Lime à trois quarts.
  N^e. Toutes les figures qui font au-deffus de la ligne ont été deffinées fur l'échelle d'en-haut, & toutes celles qui font au-deffous, fur l'échelle d'en-bas.

Pl. I.

Fig. 3

Fig. 4

Fig. 3

Fig. 4.

Fig. 5.

8   9

Fig

8   9

Fig. 6.

Fig. 7.

Fig. 1.

Fig. 3.

Fig. 2

Goussier del.

Benard Fecit.

Cloutier d'Epingles.

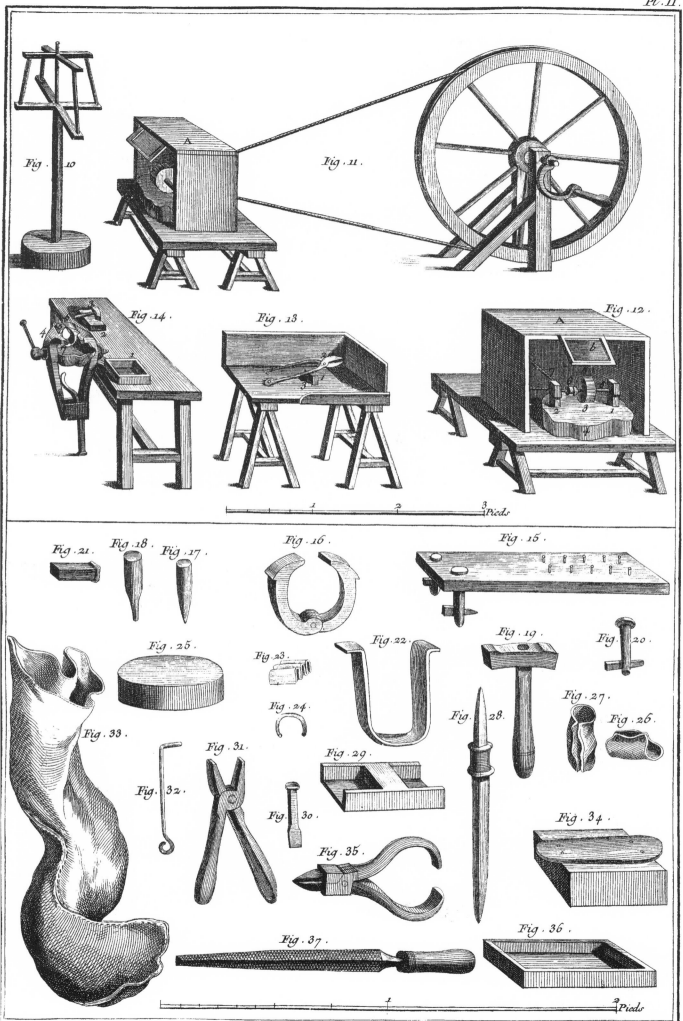

Pl. II.

Fig. 10.

Fig. 11.

Fig. 14.

Fig. 13.

Fig. 12.

1   2   3 Pieds

Fig. 21.

Fig. 18.

Fig. 17.

Fig. 16.

Fig. 15.

Fig. 25.

Fig. 23.

Fig. 22.

Fig. 19.

Fig. 20.

Fig. 24.

Fig. 33.

Fig. 27.

Fig. 26.

Fig. 31.

Fig. 32.

Fig. 29.

Fig. 28.

Fig. 34.

Fig. 30.

Fig. 35.

Fig. 36.

Fig. 37.

1   2 Pieds

Benard Fecit.

Cloutier d'Epingles.

CLOUTIER GROSSIER,

CONTENANT DEUX PLANCHES.

PLANCHE Iere.

LA vignette ou le haut de la Planche repréfente la boutique d'un cloutier.

Fig. 1. Ouvrier qui met fon fer au feu.
2. Ouvrier qui forge la lame ou le corps d'un clou.
3. Ouvrier qui a mis le clou dans la clouyere, pour en faire la tête.
 a, b, c, d, billot du cloutier, avec tous fes outils.
 a, le billot.
 b, le pié d'étape.
 c, la clouyere.
 d, la place.
 e, la tranche.
 t, v, poîles.
 f, petite enclume.
 g, marteau.
 h, forge.
 i, k, l, m, n, o, le foufflet avec fon équipage.
 p, q, le manteau de la cheminée fufpendu par les tringles de fer *rs, r s.*
 x, paquets de fer.
 y, y, auge plein d'eau.

Bas de la Planche.

 a, b, c, d, e, fiches ou fichenards.
 f, f, clous ou chevilles à tête de diamant.
 g, g, clous ou chevilles à tête ronde.
 h, h, clous ou chevilles à tête rabattue.
 i, clou de 18, à tête rabattue.
 k, clou de 18, à tête ronde.
 l, clou de 18, à tête plate.
Fig. 1. Emboutiffoir.
 1. Diamant.
 2. Clou de quatorze.
 3. Clou de dix.
 4. Clou de fix.
 5. Clou de quatre.
 6. Clou de deux.
 7. Clou à latte.
 8. Clou de tapiffier.
 9. Clou à bouche.
 10. Clou à foulier.
 11. Clou à river.
 12. Clou de cheval.
 13. Clou de ferrurier à bande.
 14. Clou de roue.
 15. *m, n, o, p,* pitons.
 m, piton à tête ronde.
 n, autre piton.

 o, piton à deux pointes.
 p, crampon.
16. Gond.
17. Bec de canne.
18. Bec de pigeon.
19. Clou à crochet ou havet.
20. Clou à crochet pour ciel de lit.
21. Patte.
22. Patte longue.
23. Clou à trois têtes.
24. Clou à deux têtes.

PLANCHE II.

Fig. 1. Cure-feu.
2. Efcouvette.
3. Tiffonnier ou crochet à feu.
4. Tenailles.
5. Tenailles à crochet.
6. Tenailles à bidon.
7. Tenaillette.
8. Pince.
9. Harre & fon cifeau ou tranche.
10. Marteau à frapper devant.
11. Poinçon.
12. Eftampe à emboutir.
13. Eftampe à manche.
14. Domeftique ou valet.
15. Clouyere à clou.
16. Place.
17. Cifeau clos.
18. Tranche ou cifeau.
 a, la tranche.
 b, la baguette à couper.
19 & 20. Clouyeres à chevilles.
21. Pié d'étape.
22. Billot monté de toutes les pieces.
 A, pié d'étape.
 B, place.
 C, cifeau ou tranche.
 D, clouyere.
 E, pince.
23. Marteau.
24. Cifeau ou tranche.
25. Clou rompu dans la clouyere.
 A, pié d'étape.
 B, place.
 D, Clouyere avec le clou rompu.
26. Clou dans la clouyere, la tête prête à être faite.
27. Rondelle du cifeau, *fig.* 24.

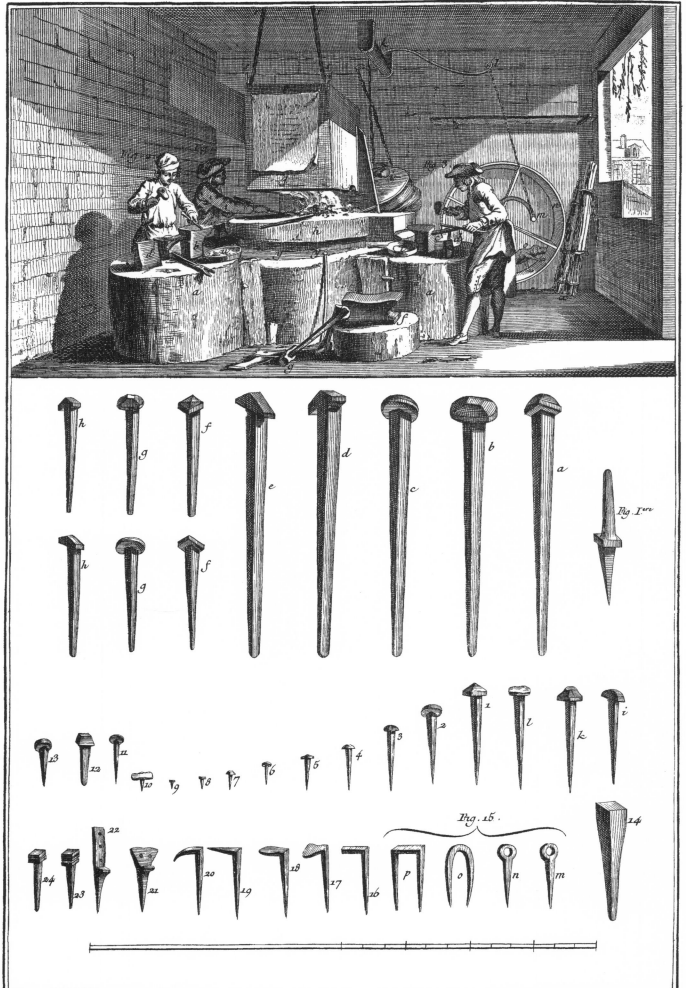

Pl. I.

Fig. Iere

Fig. 16.

Cloutier *Grossier*.

Benard Fecit

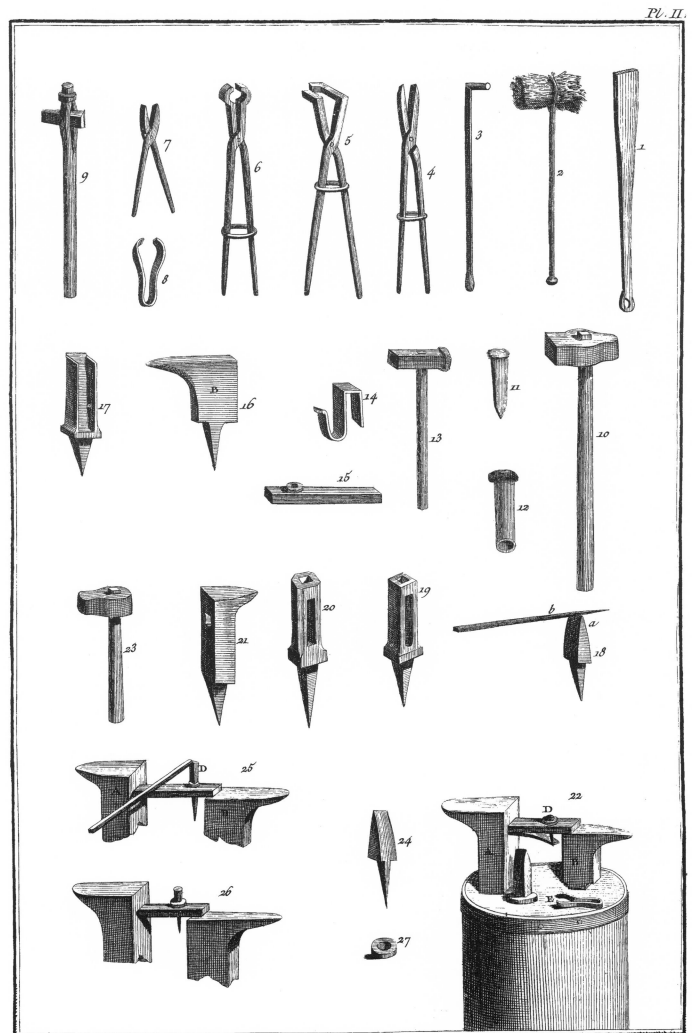

Pl. II.

Cloutier Grossier.

Benard Fecit.

COUTELIER,

CONTENANT DEUX PLANCHES.

PLANCHE Iere.

LA vignette ou le haut de la Planche montre la boutique d'un coutelier de Paris.

Fig. 1. Forge.
2. Ouvrier sur la planche qui polit ou émoud.
3. Ouvrier qui repasse un rasoir sur la pierre.
4. Ouvrier qui fore à l'arçon.
5. Ouvrier qui lime.
6. La maîtresse qui range de l'ouvrage.
7. Tourneur de roue.
   a, l'enclume avec son billot & le marteau.
8, polissoire.

Bas de la Planche.

Fig. 1. Foret avec son archet & sa plaque.
2. Tourne-vis.
3. Pierre douce d'Allemagne.
4. Tenailles.
5. Etau à main.
6. Pince plate.
7. Pince ronde.
8. Scie.
9. Brunissoir.
10. Marteau de forge.
11. Marteau à dresser.
12. Lime en couteau.
13. Pierre à affiler les rasoirs.
14. Cuir à repasser.
15. Marteau d'établi.
16. Enclume d'établi.
17. Poinçon.
18. Ciseau.
19. Lime plate.
20. Grand étau.
21. Enclume.
22. Polissoire.
23. La meule avec son équipage.
   A, la roue.
   B, la manivelle.
   C, la corde.
   D, la planche.
   E, la meule.
   F, la poulie.
   G, l'auge.

PLANCHE II.

24. Tas; il doit être de fer travaillé au-dedans, comme on le voit par le profil, *fig.* 25. Cet outil sert à relever les mitres des couteaux.
25. Profil du tas, & sa construction intérieure.
26. Autre tas; il doit aussi être de fer, & sert à évider les rasoirs.

27. Mordache; c'est une espece de pince faite d'un morceau de bois, dont on se sert pour ne pas gâter l'ouvrage en le finissant.
28. Chasse; elle doit être de fer percé au-dedans d'outre en outre par un trou rond : elle sert à retirer les mitres des couteaux.
29. Troisieme tas de fer; il sert à redresser les lames de couteaux.
30. Poche de cuir, soutenue par une traverse de bois, scellée dans le mur, & embrassant un étau; elle sert à ramasser la limaille des métaux précieux.
31. Planne; elle sert à couper le bois & la corne.
32. Tenailles courbes pour la forge.
33. Tenailles droites.
34. Marteau à frapper devant.
35. Limes servant à limer les couteaux, ciseaux, rasoirs, canifs, & autres instrumens; les autres limes vont toujours en diminuant.
36. Queue de rat; elle sert à limiter les anneaux des ciseaux.
37. Tenailles en bois, servant à tenir les lames de couteaux, lorsqu'il faut les émoudre.
38. Meule à émoudre les lames de couteaux. Il y en a de différentes hauteurs.
39. Polissoir ou meule de bois de noyer, propre à polir les couteaux. Les polissoirs des plus petits diametres servent à polir les rasoirs, canifs & ciseaux.
40. Mandrin pour les viroles des couteaux, soit en or ou en argent. Cet outil doit être ovallé d'un bout, & à huit côtés de l'autre bout.
41. Gratteau d'acier trempé; il sert à gratter l'acier non trempé, les manches des canifs, couteaux & rasoirs.
42. Deux plaques de fer à dresser de la corne pour les manches de couteaux à ressort & à gaine.
43. Chevalet de fer, avec son foret.
44. Boîte de bois, pour le ciment à cimenter les couteaux, canifs & grattoirs.
45. Plaque de fer, avec sa masse, servant à broyer l'émeri.
46. Tas ou plaque, avec son poinçon de fer, pour percer les petits ouvrages.
47. Bois couvert de bufle, pour frotter les viroles d'argent.
48. Borasseau, boîte de cuivre contenant le borax à souder.
49. Plomb & rosetier d'acier à couper les rosettes.
50. Boîte à émeri.
51. Trois différentes pierres à repasser les lancettes.
52. Tour à lancettes.

Voyez, pour l'art & ses détails l'art. *Coutelier* & autres, dans les Volumes publiés.

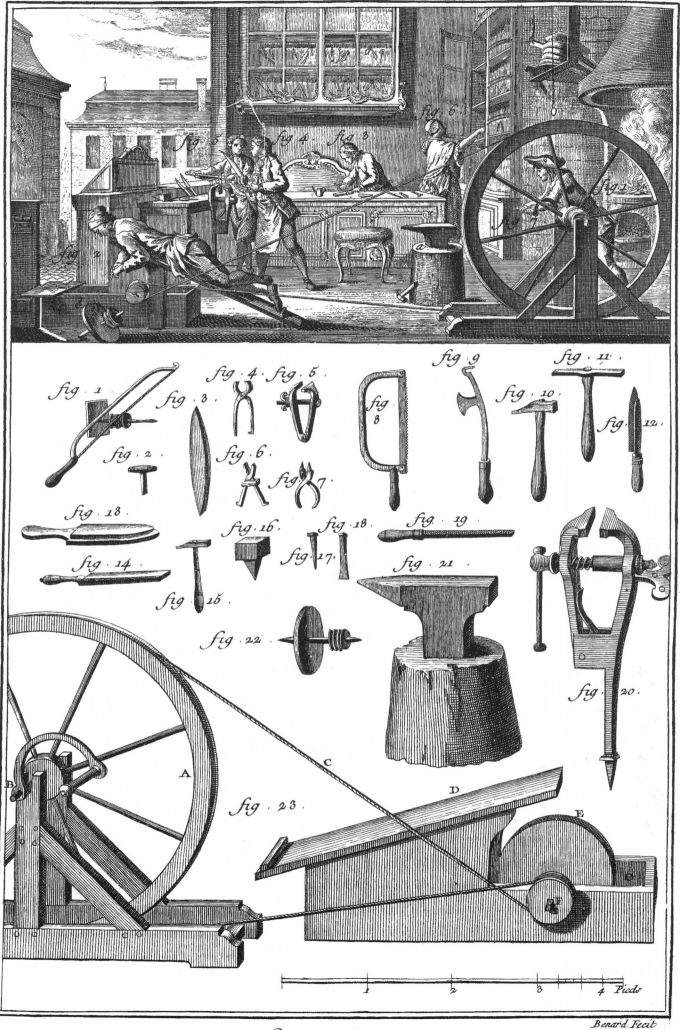

Pl. I.

Coutelier.

Benard Fecit

Pl. II.

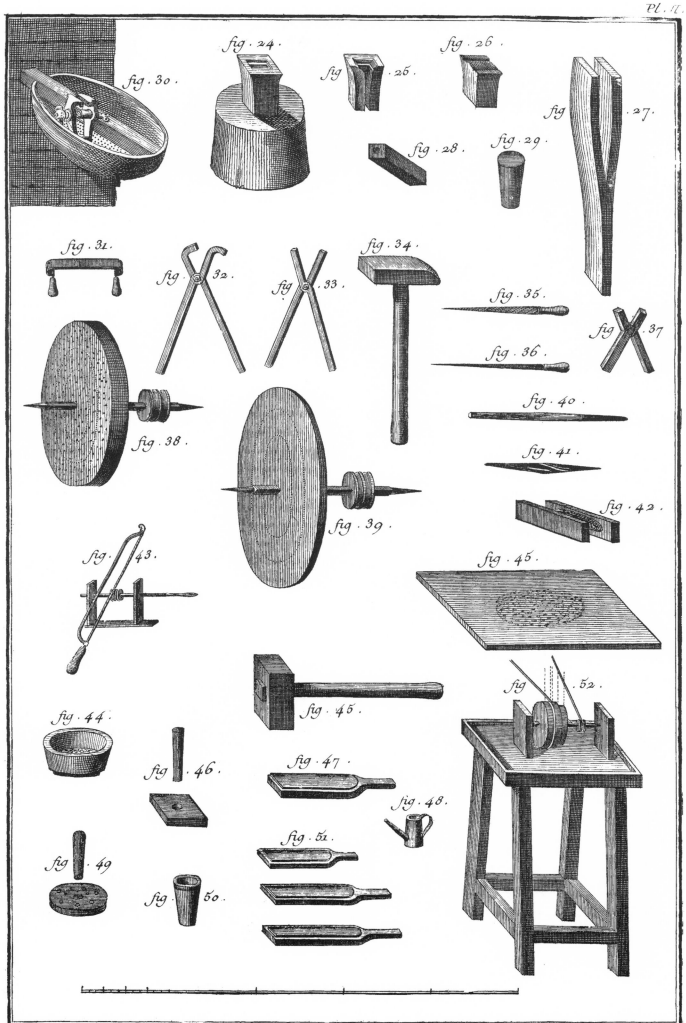

fig. 30.   fig. 24.   fig. 25.   fig. 26.

fig. 27.

fig. 28.   fig. 29.

fig. 31.   fig. 32.   fig. 33.   fig. 34.

fig. 35.

fig. 37.

fig. 36.

fig. 40.

fig. 38.

fig. 41.

fig. 39.

fig. 42.

fig. 43.   fig. 45.

fig. 52.

fig. 45.

fig. 44.   fig. 47.

fig. 48.

fig. 46.

fig. 51.

fig. 49   fig. 50.

Benard Fecit.

Coutelier,

EPINGLIER,

CONTENANT TROIS PLANCHES, DONT DEUX DOUBLES.

Description de la façon dont on fabrique les épingles à Laigle en Normandie.

IL y a deux sortes d'épingles; l'une qui est faite avec du cuivre nommé *laiton* ou *laton*, & l'autre avec du fil-de-fer; la premiere est beaucoup plus utile & plus en usage que la derniere, & c'est de cette sorte d'épingle dont on va parler.

Le cuivre dont on fabrique ces épingles, se tire de Suede ou d'Allemagne en gros fil, que l'on réduit à Laigle à la grosseur dont on a besoin pour chaque sorte d'épingle, en le faisant passer par différens trous de filiere, au moyen d'une machine que l'on nomme *buche à dégrossir*, & d'une autre nommée *bobille*. On ne parlera point ici de la façon dont ces opérations se font, parce qu'il en a été fait une description particuliere.

On suppose donc le fil réduit à la grosseur convenable, & tel qu'il sort de dessus la bobille en paquets d'environ six pouces de diametre. On commence par dresser ce fil de la façon suivante.

Le dresseur prend un paquet de fil de laiton (*Pl. II. fig. 2.*) qu'il pose sur le tourniquet G, & dont il fait passer le bout entre les clous, & de la façon figurée par le plan de l'engin, (*fig. 17. n. 2. Pl. II.*). Il tient ce bout avec des tenailles ordinaires, & le tire en courant sur un espace d'environ cinq toises de longueur planchéié; il quitte ce bout & revient à l'engin où il coupe le fil, après quoi il recommence la même opération, & ce successivement jusqu'à la fin de la botte de fil.

Cette fonction paroît bien simple; & si cependant elle est la plus difficile à pratiquer de toutes les autres : tout l'art consiste à placer six clous sur une planche d'environ huit pouces de long sur six de large, (*fig. 17. n. 2. Pl. II.*) que l'on nomme *engin*, de telle sorte que l'espace du vuide entre les trois premiers soit exactement de l'épaisseur de chaque sorte de fil que l'on dresse en ligne droite, & que les autres clous puissent faire prendre au fil une certaine ligne courbe qui doit changer suivant les différentes grosseurs & premieres courbures de ce fil, & dont la construction seule donneroit bien de l'ouvrage aux théoriciens.

L'intervalle de ces clous doit aussi être différent pour chaque grosseur de fil; & la *fig. 17. Pl. II.* représente la grandeur au naturel & la position de ces six clous, telle qu'elle doit être pour dresser le fil propre à faire les épingles, n°. 10, dont l'espace est de deux pouces quatre lignes, celle pour les épingles du n°. 6. est de quatre pouces; & ainsi à proportion des autres grosseurs en augmentant d'une ligne au-dessus du n°. 10, & en diminuant d'autant au-dessous.

Les dresseurs mêmes, ouvriers qui sont journellement dans l'usage de poser ces clous, manquent souvent de le faire dans les proportions convenables, & pour lors le fil n'est pas parfaitement droit, ou est si courbe qu'ils sont obligés de recommencer l'opération ; mais comme ces différens ouvriers travaillent tous à leur tâche, le fabriquant n'y perd rien.

L'on voit qu'il faut un engin différent pour chaque sorte de fil, à l'exception néanmoins que lorsque ce fil est un peu mou, un même engin peut servir à deux grosseurs peu différentes l'une de l'autre.

L'ouvrier peut dresser dix toises de longueur de fil par minute, gros ou menu, qui font six cent toises par heure ; & comme il parcourt le double de cet espace pour revenir à l'engin, lorsqu'il a dressé un bout, il suit que ce dresseur parcourt douze cent toises ou une demi-lieue par heure.

Lorsqu'il y a une botte du poids d'environ vingt-cinq livres de dressé, l'ouvrier en prend le bout du côté de l'engin, sur lequel il frappe, pour que les bouts

grands & petits, ne se surpassent pas les uns les autres, & il lie tout avec un bout de fil de laiton ; il attache ensuite à sa cuisse gauche proche le genou la chausse (*fig. 21. n. 2. Pl. II.*). Il s'assied à terre, ayant la jambe droite ployée de façon que le bout du pié soit sous sa cuisse gauche, ce qui donne une espece de ressort à son genouil & qui est nécessaire pour couper ce fil avec la force (*fig. 12. Pl. II.*) dont il met le bout du bras le plus long (& qui est plat, ainsi qu'il se voit au profil joignant) sous son jarret droit ; ensuite il coupe ce fil de la longueur de trois ou quatre épingles, que l'on nomme *tronçons*, en mettant la cueillée ou poignée de fil, liée ainsi qu'il est dit ci-devant, sur la chausse (*fig. 21. n. 12. Pl. II.*), & la serrant avec la crosse de fer *n* entre les crampons *r*, *s*, de telle sorte qu'elle excede d'environ un pouce la longueur de trois ou quatre épingles auxquelles le fil est destiné. L'on met ensuite une boîte de fer (*fig. 10. Pl. II. & n. 19. fig. 21. même Pl.*) au bout de la cueillée dont la longueur est ici de quatre pouces neuf lignes pour la longueur de trois épingles du n°. 20, ou de quatre du n°. 12, laquelle le dresseur tient bien ferme de la main gauche ; & de la droite il coupe la cueillée à environ quatre lignes de cette boîtée, pour suppléer à ce dont les épingles sont raccourcies en leur faisant la pointe, & ce avec la force susdite, en appuyant sur le bras le plus court. Il met cette partie coupée dans une sebille, & après avoir ôté la crossette *n*, *fig. 21. n. 2.* il recule le lien de la cueillée, & l'avance sur la chausse en recommençant l'opération précédente jusqu'à son bout. Et pour cette dressée de cinq toises de longueur dans la boîte ci-devant dite de quatre pouces neuf lignes, l'ouvrier a employé vingt-deux minutes de tems, & ainsi des autres, proportionnément à la raison inverse de leur longueur.

Pour dresser le fil des différentes grosseurs & couper les tronçons, le dresseur a un sol de la douzaine d'épingles, composée de douze milliers, & il fournit le treizieme millier pardessus le marché, pour les défectueuses.

Un ouvrier peut en faire de la sorte huit ou dix douzaines par jour, & gagner par conséquent huit ou dix sols.

L'engin, le tourniquet, & la table qui les porte, peuvent valoir 6 liv.

La chausse coûte 4 liv.

La force, que l'on nomme aussi *ciseaux* ou *cisailles*, coûte 3 liv. 10 s.

Et chaque boîte à couper les tronçons coûte 10 s.

Le dresseur remet ensuite ces tronçons à l'empointeur qui fait la pointe à chaque bout avec la meule représentée par la *fig. 5. de la vignette*, & la *fig. 16. bas de la Pl. II.* composée d'une grande roue de cinq piés & demi de diametre, dont les jantes sont recreusées d'un pouce en auget pour tenir la corde, laquelle roue a sa manivelle de treize pouces de longueur, & est portée sur deux poteaux de charpente, ainsi qu'il est figuré par le dessein. A seize de distance de milieu en milieu, est une espece de billot contenant dix-huit pouces en quarré par bas, quinze pouces par le haut, lequel est recreusé, ainsi qu'il se voit. Dans la *fig. 16* est représentée la meule dessinée plus en grand au-dessous, laquelle est de fer trempé, & a six pouces de diametre sur un pouce huit lignes d'épaisseur, avec un œil de deux pouces neuf lignes dans le milieu. La surface de cette meule est taillée un peu obliquement. Dans l'œil l'on place une espece de couronne de bois ou tampon quarré en dedans, pour y placer le fuseau d'acier de huit pouces dix lignes de long & sept lignes de gros en quarré, portant à deux pouces deux lignes de l'un des bouts, la petite roue ou noix, de huit lignes de diametre dans le milieu fur quatorze lignes de large.

Il eſt eſſentiel que la meule ſoit bien en équilibre autour du fuſeau ; & pour l'y placer, l'on obſerve de faire l'œil du tampon de bois d'environ cinq lignes de diametre de plus que la groſſeur du fuſeau qui doit y être placé, & d'en garnir l'intervalle avec des cartes dont on remet ou on ajoute une ſuffiſante quantité juſqu'à ce qu'ayant fait tourner le tout obliquement, en appuyant le bout du fuſeau contre un endroit fixe, & tenant l'autre bout avec la main, on s'apperçoive que la meule continue de tourner ſur ſon axe du côté où elle a été miſe en mouvement, ſans retrograder de l'autre côté. Les ouvriers emploient quelquefois beaucoup de tems à cette opération, & l'on connoîtra ci-après qu'il eſt très-néceſſaire d'obſerver cet équilibre.

On poſe enſuite l'axe & la meule dans la ſituation repréſentée par la *fig.* 1. *Pl. II.* contre deux morceaux de bois, que l'on avance ou recule autant qu'il eſt néceſſaire, après quoi on les arrête fixement au moyen des coins de bois.

La corde qui fait tourner cette meule, eſt de peau de mouton, & elle paſſe ſur la grande roue & ſur la petite fixée au fuſeau ou eſſieu, auquel la meule étant arrêtée fixement, elle doit tourner avec le fuſeau.

Au devant de l'ouverture du billot (*fig. 5. & 6. vign. Pl. II.*) & de la meule, eſt un petit chaſſis d'un carreau de verre, & qui ſert à empêcher que les parties de cuivre qui ſe détachent de l'épingle en faiſant la pointe, & qui ſont renvoyées avec vîteſſe de tous côtés par la meule, ne ſautent aux yeux de l'empointeur.

Au bas de la *fig.* 1. *P. II.* eſt une plaque de tôle ou fer-blanc, nommé *aperçoir*, & qui eſt attaché fixement avec un clou à chaque coin, dont l'uſage ſera expliqué ci-après.

La roue à empointer, compris le billot & la corde, coûte 36 liv.

Le fuſeau d'acier pour porter la meule, peſe deux livres & coûte 3 liv.

La meule peſe quinze livres, & coûte 6 liv. à raiſon de 8 ſols la livre.

Lorſque les hachures ou retailles de la roue ſont uſées, il en coûte 8 ſols pour les refaire ; mais auparavant cette meule peut empointer environ trente douzaines de milliers d'épingles.

Pour faire la pointe aux épingles, nous avons dit précédemment, que le dreſſeur remet à l'empointeur les tronçons de la longueur des trois ou quatre épingles ſuivant leur ſorte ; celui-ci met le tout dans une ſebille, & s'aſſied ſur un couſſin les jambes croiſées ; il prend une pincée d'environ vingt-cinq tronçons de groſſes épingles, ou quarante de petites, ce qu'il ſe nomme *tenaillée* qu'il tient avec le pouce de l'index de chaque main ; après quoi il poſe cette tenaillée contre l'aperçoir pour égaler les pointes, & dans cette ſituation il préſente ſa tenaillée contre la meule qui eſt miſe en mouvement par le tourneur appliqué à la manivelle de la grande roue. L'empointeur, en poſant ſa tenaillée contre la meule, la tourne du pouce & du gros doigt de la main gauche, & l'appuie du pouce de la main droite contre la meule ; il retourne enſuite ſa tenaillée pour faire la pointe à l'autre bout, il remet le tout dans une autre ſebille, & prend une autre tenaillée pour recommencer la même opération.

Il y a à côté de la précédente roue à empointer une pareille roue égale en toute choſe à la précédente, à l'exception de la meule qui n'a que quatre pouces de diametre, un pouce & demi d'épaiſſeur ; l'œil ou vuide dans le milieu, n'a que deux pouces de diametre, & les hachures de cette derniere meule ſont plus fines. Elle peſe huit livres, & le fuſeau & le reſte eſt pareil à la précédente : l'ouvrier qui y eſt appliqué, ſe nomme *repaſſeur*, & a également ſon tourneur.

L'empointeur remet ces tronçons ou épingles au repaſſeur lorſqu'il en a empointé une certaine quantité ; & celui-ci fait la même opération que l'empointeur en repaſſant les pointes ſur ſa meule par tenaillée, laquelle

étant hachée plus près que la précédente, les pointes y ſont adoucies & perfectionnées.

L'empointeur d'épingles peut empointer quinze douzaines de milliers d'épingles groſſes & petites, dans un jour, compris le treizieme en ſus pour le déchet, & il a 15 den. par douzaine de milliers, enſorte qu'il pourroit gagner 18 ſols par jour s'il étoit fourni d'une ſuffiſante quantité d'épingles ; mais les meilleurs fabriquans de Laigle ne débitent par jour qu'environ ſept ou huit douzaines de milliers d'épingles, ce qui n'eſt que la moitié de la quantité ſuſdite ; cet empointeur pourroit travailler pour deux fabriquans, & dans ce cas gagner environ ſes 18 ſols par jour, ce qui eſt le prix le plus avantageux des autres ouvriers qui travaillent à la même fabrication ; mais auſſi leur ſanté eſt bien alterée de la limaille & pouſſiere du laiton qu'ils reſpirent en faiſant leurs fonctions, le carreau de vitre, &c. mentionné ci-devant, ne pouvant tout-au-plus que leur garantir la vue des parties les plus groſſieres que cette poudre.

Le tourneur de la roue de l'empointeur a 1 ſ. 9 d. de la douzaine de milliers, compris le treizieme en ſus, ce qui paroît être un meilleur prix que celui de l'empointeur qui n'a que 15 den. mais ce tourneur gagne cependant la moitié moins, parce qu'il eſt obligé en outre de battre le papier qui ſert à envelopper les épingles, & de les laver avant de les faire blanchir, ainſi qu'il ſera expliqué dans ſon lieu.

Ce tourneur fait faire à la manivelle environ quarante-cinq tours par minute, & à la grande roue par conſéquent autant ; cette roue a cinq piés quatre pouces de diametre, déduction faite d'un enfoncement d'un pouce à chaque bout. La petite roue ou noix a huit lignes de diametre dans le fond de ſon renfoncement, & comme elle eſt mue par la même corde qui paſſe ſur la grande roue précédente ; la vîteſſe de cette petite roue doit être à celle de la grande dans la raiſon inverſe du diametre de l'une au diametre de l'autre, ou comme 96 eſt à 1 ; c'eſt-à-dire, qu'elle ſera quatre-vingt-ſeize tours, pendant que la grande n'en fera qu'un, ou comme cette grande en fait quarante-cinq par minute, la petite roue ou la meule même qui y eſt fixée, feront chacune pendant le même tems quatre mille trois cent vingt tours. Cette meule ayant ſix pouces de diametre & dix-huit pouces un ſeptieme de circonférence, qui étant multiplié par quatre mille trois cent vingt tours qu'elle fait en une minute, qui font pendant une heure ſoixante-cinq m[ille] trois cent quatorze toiſes deux ſeptiemes, ou bien vingt-ſept lieues & cinq cent quatorze toiſes, à raiſon de deux mille quatre cent par lieue.

En ſuppoſant d'après Guillaume Derham (*Théologie phyſique, troiſieme édition, page* 39) la vîteſſe d'un boulet de canon de cinq cent dix verges de Londres en deux ſecondes & demie, ce qui revient à cinq cent ſoixante & quatorze piés de roi par ſeconde, la verge étant de trois piés de Londres, & le rapport de ce pié au pié de roi étant comme 15 à 16 + $\frac{1}{555}$ on aura pour la vîteſſe du même boulet pendant une heure, trois cent quarante-quatre mille quatre cent toiſes ; d'où il ſuit que celle de la meule à apointer mentionnée ci-deſſus, eſt preſque la cinquieme partie de cette prodigieuſe vîteſſe du boulet de canon.

Si la meule ne ſe trouvoit pas dans un parfait équilibre autour de ſon axe ou fuſeau, il eſt facile de préſumer qu'avec une auſſi grande vîteſſe elle agiteroit l'air de façon à procurer un grand bruit, & c'eſt ce qui arrive effectivement ; mais lorſque cette meule eſt bien en équilibre, il ne réſulte aucun bruit de ſon mouvement, ni par conſéquent de réſiſtance de la part de l'air.

Le repaſſeur gagne 1 ſol par douzaine de milliers d'épingles, y compris le treizieme en ſus : il en fait une pareille quantité que l'empointeur, ainſi il gagne par conſéquent un cinquieme de moins que lui.

Le tourneur de la roue à repaſſer gagne le même prix que le repaſſeur.

En ſortant des mains du repaſſeur, les tronçons ſont donnés au coupeur qui les réduit en hanſe, en les coupant d'une longueur d'épingle à chaque bout, lorſque les tronçons ſont de la longueur de quatre épingles ; & en ne coupant qu'une longueur d'épingle lorſqu'ils ne font que de trois longueurs, cette fonction se fait avec la chauffe & les ciseaux, de la même façon qu'il a été expliqué pour les tronçons, & ce coupeur se sert de boîtes de différentes grandeurs, suivant la sorte des épingles, lesquelles sont numérotées d'un pareil numéro à celui dont on se sert pour exprimer chaque espece d'épingles pour plus grande facilité. La *fig.* 10 , *Pl. II.* représente le plan & le profil de l'une de ces boîtes dont un côté numéroté XIV. a seize lignes de large & treize de long , sert aux épingles des num. XIV. & XV. & l'autre numéroté XVII. qui a dix-huit lignes de large sur quinze de long , sert aussi pour les épingles des n°. XVI. & XVII.

Lorsque des tronçons de trois longueurs d'épingle on en a coupé une épingle, il en reste deux dont une a la pointe faite; l'on fait ensuite la pointe à l'autre , & on la repasse de la façon expliquée ci-devant; après quoi le coupeur coupe une épingle des deux susdites à sa longueur exacte, suivant la boîte qui lui convient. Et comme nous avons marqué précédemment que les tronçons ont été coupés environ quatre lignes trop longs, la meule ne raccourcissant pas les épingles de leur longueur en faisant les pointes; ces dernieres épingles se trouvent un peu plus longues , & même inégales entr'elles, parce qu'en faisant la pointe , la meule en use quelquefois plus des unes que des autres ; & pour les réduire toutes à la longueur convenable , le coupeur met la pointe dans le fond de la boîte à hanse, & coupe l'excédent du côté de la tête, exactement d'après le bord de cette boîte.

Des tronçons de quatre épingles l'on en coupe une épingle à chaque bout, ainsi que nous l'avons dit ci-devant ; après quoi on fait les pointes à chaque bout des hanses de deux longueurs d'épingles restantes ; le coupeur les reprend ensuite & fait la même opération qui vient d'être expliquée pour les hanses de deux longueurs de deux épingles.

Pour couper les hanses de différentes grosseurs, l'ouvrier gagne 9 den. de la douzaine de milliers d'épingles , compris le treizieme en sus. Il peut en couper ordinairement trois douzaines de milliers par heure , & en forçant un peu le travail, jusqu'à quatre douzaines de milliers ; en sorte qu'en moins de trois heures de travail il peut couper les sept à huit douzaines de milliers que fabriquent ordinairement par jour les meilleurs marchands de Laigle , ce qui ne suffit pas pour les occuper toute la journée; au moyen de quoi un coupeur peut suffire à deux ou trois fabriquans, & il peut gagner environ quinze sols par jour. Les ciseaux forment à ces coupeurs un calus de chair morne à la main droite, qui est épais d'un doigt , & leur est même utile pour cette fonction.

Lorsque ces épingles ont été coupées de longueur, on prépare du fil, ainsi qu'il suit , pour faire les têtes.

Il y a un rouet à cet usage (*Pl. II. fig.* 18.) composé d'une roue qu'on ne voit pas dans la *fig.* de deux piés huit pouces de diametre avec sa manivelle de six pouces de longueur, d'une noix 1 , représentée plus en grand au-dessous (*fig.* 20.), laquelle a trois lignes de diametre dans le milieu, & dix-huit lignes de longueur, au milieu de laquelle passe une broche de fer *a f* , qui lui est fixe, laquelle a huit pouces de longueur, & est percée par le bout *a*. Cette broche passe au-travers de deux nerfs de bœufs qui sont attachés fixement à une tête de bois *e* (*fig.* 18.) laquelle a trois pouces trois lignes de large sur cinq de haut, avec une queue *d* de six pouces de longueur que l'on passe dans une mortaise de la planche ou table du rouet 7, 7, (*même fig.*) où elle est arrêtée fixement avec des coins. On passe une corde à boyau sur la grande roue & la noix ; & on la serre ou lâche au moyen d'un coin 5 , (*fig.* 18.) que l'on pousse plus ou moins sur le morceau de bois 4 attaché fixement & d'équerre au bas de la tête *e*.

On attache fixement au bout de la broche *a f* (*fig.* 20. *Pl. II.*) un fil de laiton un peu plus gros que la sorte d'épingle dont on veut faire les têtes, & qui se nomme *moule* ; ensuite on passe le laiton pour faire la tête & qui est très-fin dans la porte *b* (*fig.* 14 & 20.) dont le plan est au-dessus & plus en grand à côté ; on le fait passer

ensuite obliquement contre l'une des épingles *q*. Ensuite on passe ce fil de tête au-travers du trou de la broche sans l'y attacher. Le même ouvrier tenant ce bois de la porte de sa main gauche proche la broche , & qui soutient le fil de tête contre le moule , tourne avec son autre main la manivelle du rouet , en retirant sa main gauche le long du moule , à mesure que le fil de la tête se devide autour , suivant le plus ou moins de vîtesse avec laquelle il tourne la manivelle , ce qui forme une ligne spirale adhérente & contiguë au moule. Ce fil se devide sur un tourniquet monté sur un pié qui est auprès; & pour soutenir le moule , on met un bâton fourchu par en-haut porté sur un pié ambulant.

On continue ainsi de tourner la manivelle jusqu'à ce que l'ouvrier ait étendu les bras autant qu'il le peut, ce qui est la mesure de chaque moulée , & peut avoir cinq à six piés suivant la grandeur de l'ouvrier ; ensuite de quoi il coupe le fil de tête , met la moulée à part, & le moule étant toujours attaché fixement à la broche , il recommence la premiere opération susdite ; ce fil ainsi tors , ressemble aux bords de chapeaux, nommés *ragotzy* , lesquels sont faits de la même façon avec du fil d'argent. L'on emploie le meilleur fil de laiton pour les têtes ; & lorsqu'il y a une certaine quantité de moulées de faite ; le même ouvrier les coupe pour faire les têtes de la façon suivante.

Cet ouvrier s'assied à terre ou sur une sellette basse en croisant les jambes comme un tailleur , ayant une peau liée autour de lui, attachée sur une autre sellette qui est devant lui pour recevoir les têtes , il tient de la main droite le ciseau représenté , par la *fig.* 11. *Pl. II.* dont il met le bout du bras le plus long qui est plat , ainsi qu'il se voit par le profil joignant, sous son jarret, comme pour couper les tronçons & hanses ci-devant dits , quoiqu'il ne soit pas assis de-même. De la main gauche il tient sa tranche de têtes composée de douze moulées, dont il égalise le bout contre les ciseaux en commençant ; ensuite il donne environ douze coups de ciseau de suite , en ne coupant à chacun que deux pas ou cercles des moulées qui sont nécessaires pour faire les têtes , ce qui est très-difficile & demande une grande expérience , attendu la vîtesse avec laquelle ces coups de ciseaux sont donnés , qui est d'environ soixante & dix par minute ; & aussi le nombre des moulées qui sont coupées à chaque coup : les têtes qui se trouvent avoir plus ou moins de deux cercles , ne peuvent être employées , ce qui oblige d'autant plus l'ouvrier à acquérir la précision requise : ensuite il égalise comme auparavant ces moulées contre les ciseaux, & donne derechef environ douze autres coups de ciseaux , & ainsi de suite jusqu'au bout de la tranche de tête : ce qui est encor plus merveilleux, c'est qu'il y a des ouvriers si expérimentés qu'ils coupent sans se reprendre & de suite la tranche entiere.

L'ouvrier peut, comme on l'a déja dit, donner soixante dix coups de ciseaux par minute, c'est par heure quatre mille deux cent ; & comme il coupe douze moulées à chaque coup de ciseau, cet ouvrier peut couper cinquante mille quatre cent têtes de menues épingles en une heure (les grosses étant plus difficiles), ce qui feroit néanmoins un travail forcé, parce qu'il n'est point déduit de tems pour les reprises dans ce calcul ; mais en y ayant égard, un ouvrier peut communément couper trente milliers par heure, grosses & menues l'une dans l'autre, il ne pourrait pas même continuer sur ce pié toute la journée, parce que la vue fatigue beaucoup à cette fonction, mais il peut en couper quinze douzaines de milliers, grosses & menues , par jour.

L'ouvrier a 3 den. pour tourner une douzaine de milliers de têtes, & 9 den. pour les couper séparément ; & comme il peut en couper quinze douzaines par jour , ainsi qu'il est dit ci-devant, il gagneroit 11 f. 3 den. Il ne peut faire que douze douzaines par jour , de têtes & couper , ce qui revient à 12 sols.

Le rouet coûte 4 liv. avec la porte , & les ciseaux autant.

Lorsque les moulées pour faire les têtes ont été coupées , on en met deux ou trois livres pesant dans une cuillere de fer , & qui contient dix à douze douzaines de milliers de têtes du numéro VIII. Enfuite on met la cuillere couverte de charbon fur le feu pendant une demi-heure de tems ; & lorfque le tout eft refroidi, on frappe la tête de l'épingle avec la machine repréfentée *Pl. III. fig.* 13. & *fig.* 12. *n.* 2. dont le plan eft *fig.* 18. *même Pl.* laquelle a fix pans ou places femblables pour y employer un pareil nombre d'ouvriers à-la-fois. Le tout eft porté fur un billot de bois ou tronc d'arbre, de trois piés neuf pouces de diametre & feize pouces de haut, élevé d'un pié au-deffus du plancher par trois piés. Deffus font fix poteaux pofés aux angles, & retournés fur deux pouces de largeur à chaque face, fur dix-huit lignes d'épaiffeur & dix-fept pouces de hauteur. A treize pouces & demi au-deffus du billot font affemblées les traverfes de même épaiffeur que les poteaux fur quinze lignes de hauteur, lefquels font percés aux endroits convenables pour paffer des broches de fer de fix lignes de gros & feize pouces de longueur, dont le haut eft arrêté fixement dans les précédens trous avec des coins, & le bas qui eft diminué en pointe, porte fur des plaques ou efpeces de crapaudines de plomb fondues dans des trous faits dans le billot, de deux pouces en quarré fur fix lignes d'épaiffeur. Le milieu des mêmes traverfes eft percé pour paffer l'aiguille de fer ou outibot de douze pouces & demi de longueur, & fix lignes de gros ; lequel eft percé par en-haut pour paffer la corde qui eft attachée au levier. Le bas de l'outibot a dix-huit lignes de long & un pouce en quarré de gros, dont le deffous eft percé de fix lignes en quarré fur neuf lignes de profondeur. Cet outibot eft quarré par em-bas fur quatre pouces de hauteur, dans lequel paffe une traverfe ou moife de fer, laquelle a neuf pouces neuf lignes de long, neuf lignes de large & trois d'épaiffeur : les deux bouts font percés pour paffer les broches de fer, & l'on obferve deux à trois lignes de vuide au pourtour pour y placer du parchemin coupé par bande, & huilé pour que la traverfe monte & defcende facilement le long des broches de fer. Deffus cette traverfe on met un poids de plomb percé dans fon milieu pour paffer la tige de l'outibot, lequel a quatre pouces de diametre par le haut & trois pouces de hauteur. On met auffi un peu de parchemin entre ce poids & la traverfe, pour les rendre plus adhérens l'un à l'autre. Dans la partie recreufée au-bas de l'outibot on met un poinçon d'acier, lequel a dix lignes de long fur fix lignes de gros par le milieu, & cinq lignes en quarré par les bouts, fur lefquels font recreufés des trous de la groffeur des têtes que l'on veut faire. Sous cet outibot eft pofé un canon de fer, lequel a feize lignes de long fur quinze lignes de gros en quarré que l'on enfonce dans le billot ; le deffus de ce canon eft percé d'un trou de fix lignes en quarré fur autant de profondeur.

Dans ce canon on place une enclume d'acier d'un pouce de hauteur, quatre lignes de groffeur en quarré par le bas & fept lignes par le haut, fur lequel font gravés quatre trous de différentes grandeurs pour former les têtes d'épingles. La corde qui paffe par le trou du haut de l'outibot, eft attachée fur un bras de levier de bois, de deux pouces de gros, à un endroit diftant du point d'appui de fept pouces & demi. Proche l'autre bout eft la corde qui répond à la puiffance à onze pouces de diftance dudit point d'appui. Au bas de cette corde eft un bout de planche de dix pouces de long fur fix de large, attaché par l'autre bout avec un bout de corde à un piquet. A chaque place il y a deux planches, de chacune un pié de long & fix pouces de large, clouées au billot, de façon que ces planches puiffent fe mouvoir autour de ces clous pour accotter les bras des ouvriers. Au-devant de chaque place eft une calotte de chapeau nommé *planche*, de fix pouces de long fur quatre de large & deux pouces de hauteur, d'abord arrêtée fixement au billot & qui fert à mettre les hanfes & épingles. Du côté intérieur eft un cercle ou enclos nommé *parc*, lequel eft fait d'un demi-cercle, ayant pour corde ou diametre toute l'étendue de la face de chaque pan entre les poteaux. Ce parc fert à recevoir les épingles, à mefure que les têtes en font frappées. Au milieu du billot eft un chan-

delier qui fert à éclairer toutes les places. Sur ledit billot font deux poteaux diamétralement oppofés, de deux pouces de groffeur, lefquels font bien ferrés contre les folives du plancher fupérieur pour bien affermir le billot & empêcher que les coups continuels des poinçons fur les enclumes ne l'ébranlent.

La cuillere de fer pour faire cuire les têtes, coûte 15 f. le plomb & les autres machines de chaque place de la machine à frapper les têtes, valent 8 liv. le billot 12 liv. ce qui fait pour le tout enfemble 60 liv. 15 fols.

Pour faire la tête, l'ouvrier s'affied fur une fellette ou billot de bois à trois piés, de quinze pouces de hauteur. Du pié droit qu'il pofe fur la planchette, en allongeant la jambe il leve le plomb au moyen du levier, & frappe à petits coups, après avoir auparavant placé le bout de l'épingle de la main droite, avec une tête dans l'un des trous de l'enclume, fur lequel répond directement un pareil trou du poinçon dans lequel cette tête eft frappée de cinq à fix coups. Sa forme fpirale lui donne la facilité de fe ferrer autour de l'épingle affez confidérablement pour n'en pouvoir être ôtée qu'avec peine ; après quoi le frappeur laiffe tomber cette épingle dans le parc. Pendant qu'il frappe une tête, il a la main gauche dans la calotte ou planche avec laquelle il prend une hanfe ou épingle fans tête, il en pouffe la pointe dans une grande quantité de têtes qui font dans un coin de la même planche où il ne peut manquer d'en enfiler une ou plufieurs ; il prend cette épingle de la main droite, en faifant fortir d'un coup de doigt les têtes qu'il auroit pu enfiler de trop ; & en la mettant dans le trou de l'enclume (le plomb étant levé) il l'attire jufqu'à ce que cette tête ait coulé jufqu'au bout de l'épingle ; & pour lors il recommence à frapper cinq ou fix coups de poinçon fur l'enclume, ainfi qu'il eft dit ci-devant, & il recommence la même opération, ce qui fe fait fans remuer les coudes qui font accottés, ainfi que nous avons dit précédemment.

Lorfque les trous de l'enclume & du poinçon ne répondent pas précifément l'un fur l'autre, la tête ne peut être bien faite, & il eft affez difficile de rencontrer cette précifion ; on le fait cependant avec un peu d'attention en éloignant ou rapprochant les broches, qui étant pointues & portées fur les crapaudines de plomb, y forment différens petits trous où l'on peut les placer en levant un peu le poids, après quoi le chaffis ne peut fe déranger.

Pour frapper la tête d'une groffe épingle, il faut des coups plus forts que pour une petite ; & à cet effet l'on rapproche la corde qui eft fur le levier un peu plus près du centre de mouvement au point d'appui, ce qui donne la facilité d'élever le poids un peu plus haut, en rend l'impulfion fur l'enclume plus forte, mais d'un autre côté l'ouvrier a un plus grand effort à furmonter avec le pié.

Un homme peut frapper vingt têtes d'épingles groffes ou petites par minute ; & comme il frappe cinq à fix coups fur chaque tête, le tout produit cent ou cent vingt coups ; & un frappeur fait communément un millier de têtes par heure & dix à douze milliers par jour, non compris le treizieme en-fus pour les défectueufes.

Les frappeurs gagnent deux prix différens, favoir, 9 fols de la douzaine de milliers, compris le treizieme en-fus, pour frapper les têtes de groffes épingles, depuis le numéro XXII. jufqu'au numéro XIV. & 8 fols pour les épingles au-deffous, ce qui produit 7 à 8 fols par jour, pour quoi les entêteurs font obligés de fe fournir de poinçon & d'enclume, qui coûtent enfemble 10 fols ; de les faire regraver lorfque l'on change de groffeur d'épingle, ce qui revient à environ 2 fols par mois, comme auffi de frotter, faire fécher & de vanner les épingles, ainfi qu'il fera expliqué ci-après.

Lorfque les entêteurs reportent leurs épingles au fabriquant, on les pefe pour tenir compte aux ouvriers de chaque place, de ce qui leur eft dû par douzaine ; après quoi on met une trentaine de livres pefant d'épingles qui font dix douzaines du numéro X. & environ quatre douzaines du numéro XX. dans un baquet,

quet avec un feau d'eau, dans laquelle on a fait bouillir pendant une demi-heure à gros bouillons une demi-livre de tartre-de-vin : ce baquet a vingt-un pouces de diametre par le haut & quatorze pouces de hauteur, avec une anfe de fer & un crampon au haut fufpendu à une piece de bois ftable ; un homme remue le tout pendant une demi-heure fans relâche, en tenant le baquet à deux mains, l'une au bord de deffus, & l'autre aux peignes d'em-bas, ce qui jaunit & décraffe l'épingle. Enfuite on jette l'eau, & on en remet deux ou trois fois jufqu'à ce que l'on connoiffe par la netteté de l'eau que les épingles auront été bien décraffées ; cette derniere opération dure environ un quart-d'heure, & elle eft faite ainfi que la précédente par le tourneur de la roue de l'empointeur, ainfi qu'il a été dit dans fon lieu.

Ce baquet coûte 5. liv. avec fa ferrure.

Enfuite on jette l'eau pour bien égoutter les épingles qui font pour lors jaunes, & on les fait blanchir de la façon fuivante.

On met un demi-pouce d'épaiffeur d'épingles fur les plaques rondes d'étain le plus fin d'Angleterre de feize pouces de diametre ; l'on pofe les plaques l'une fur l'autre au nombre de vingt fur une croifée ou gril de fer où font attachées quatre cordes, en obfervant de mettre la même forte d'épingles enfemble ; deux hommes portent ces plaques dans une chaudiere de cuivre rouge qui a été mife auparavant fur le feu, laquelle a dix-huit pouces de diametre & deux piés & demi de hauteur ; l'on continue de mettre plufieurs de ces croi-fées de fer, chargées chacune de vingt plats jufqu'à la hauteur du bord de la chaudiere, en obfervant de met-tre dehors les bouts des cordes attachées aux croifées qui portent ces plats ; l'on emplit enfuite cette chau-diere de l'eau la plus claire que l'on peut avoir avec quatre livres de tartre-de-vin le plus blanc & le meil-leur ; on laiffe le tout bouillir enfemble pendant quatre heures de tems à gros bouillons ; enfuite quatre hom-mes enlevent la chaudiere de deffus le feu avec deux galons ou leviers de bois qu'ils paffent dans des cro-chets mis aux boucles de fer qui font de chaque côté au haut de la chaudiere, & on retire les croifées avec leurs cordes que l'on met féparément dans un baquet d'eau fraîche & nette. En retirant les plaques d'étain, & ne mettant enfemble que les mêmes fortes d'épin-gles, on les lave bien ; après quoi on verfe l'eau des baquets, & on met les épingles de chacun fur une fer-piliére de groffe toile : cette fonction a été faite par le jauniffeur qui eft auffi le tourneur de la roue à empointer.

Enfuite les entêteurs d'épingles font tenus, fur le prix ci-devant dit, de frotter & faire fécher les épin-gles ; ce qui fe fait en mettant environ quatorze livres d'une même forte avec du fon dans un fac de cuir com-pofé de deux peaux de mouton coufues enfemble, à quoi font employés deux hommes pendant un quart-d'heure, qui tiennent chacun le bout du fac & fe renvoient les épingles mutuellement environ cinq cent coups à cha-que bout du fac à frotter, ce qui fait mille coups en tout. Ce fac a trois piés de long, dix-huit pouces de large par un bout, & dix par l'autre.

Enfuite on met fix ou fept livres pefant d'épingles dans un plat de bois de dix-huit pouces de diametre & trois pouces & demi de profondeur, nommé *plat à vanner*, dans lequel on vanne les épingles pour en faire fortir le fon, lorfqu'elles font féches ; un demi-quart-d'heure fuffit pour faire cette fonction, & ce font pareillement les entêteurs qui le font fur les prix ci-devant dits.

Les plaques d'étain pefent chacune une livre & demie, & coûtent vingt-huit fols la livre en lingots, que les marchands de Laigle fondent eux-mêmes : il en faut une foixantaine pour emplir la chaudiere, cette chau-diere coûte 80 liv.

La gravelle ou tartre-de-vin fe tire de la Rochelle, de la Saintonge, de Château-du-Loir, &c. & coûte, rendu à Laigle, 25 liv. le cent pefant de cent quatre livres.

Lorfque les épingles ont été vannées, on en met cha-

N. 4. Epinglier.

que forte dans des demi-boiffeaux ou quarts ; on les donne aux bouteufes qui les placent dans les papiers.

Ces papiers font percés avec une efpece de peigne de fer dont les dents font d'acier, & repréfenté par la *fig. 7. Pl. III.* que l'on nomme *quarteron*.

Il y en a de différens, fuivant les fortes d'épingles : celui d'un pouce neuf lignes de longueur, deux pouces de hauteur, avec un manche ou queue d'un pouce fur fix lignes, fur lequel on frappe avec le marteau repré-fenté par la *fig. 8.* Ce quarteron convient aux épingles des numéros VIII. & IX. Il coûte 1 liv. 5 fols ; le mar-teau en coûte 12. Ce font les bouteufes qui fe fournif-fent de ces outils : elles peuvent percer douze douza-ines de milliers de trous par jour, gros ou menus.

Une bonne bouteufe peut placer ou bouter dans les papiers quatre douzaines de milliers d'épingles par jour, & une bouteufe ordinaire deux douzaines de milliers, groffes & petites : elles ont 1 fol par douzaine de mil-liers pour cette opération.

Elles font auffi chargées d'éplucher les épingles pour rebuter les défectueufes ; & pour percer le papier, bou-ter les épingles & les éplucher, elles ont 2 fols 6 den. par douzaine de milliers, groffes & petites. Les plus fortes ouvrieres gagnent 4 fols par jour à ces trois fon-ctions, n'en faifant que deux douzaines de milliers ; & les enfans de fix à huit ans, qui peuvent y être employés, attendu la facilité de l'opération, peuvent gagner 1 fol par jour pour bouter feulement.

Ces bouteufes font auffi, dans leur marché, l'em-preinte ou la marque des marchands fur les papiers : elles en font un millier par heure, en frappant du plat de la main la feuille de papier fur la planche qui eft fixée fur une table, & fur laquelle elles mettent la couleur d'ocre en détrempe avec une groffe broffe.

Les dimenfions des outils & machines précédentes, relativement aux deffeins, font conformes aux outils & machines, fur lefquels ces obfervations ont été faites, & il eft facile de connoître ce que l'on peut y changer.

On peut préfentement favoir le prix auquel les épin-gles reviennent aux fabriquans, & par la connoiffance du prix de ceux qui les vendent, favoir en quoi confifte leur bénéfice. Pour mettre en état de faire ces calculs : voici un détail qui concerne la forte d'épingle numéro-tée VI. dont la longueur eft de neuf lignes.

Le douzain ou les douze milliers dudit numéro VI, pefe une livre neuf onces fix gros fans papier, & on a vu par le mémoire de la façon dont on prépare le fil pour le réduire aux différentes groffeurs convenables à la fabrication des épingles, que celui qui a paffé par neuf trous, revient à trente-un fols trois den. la livre, ce qui produit, pour une livre neuf onces

	liv.	f.	d.
fix gros.	2	9	7
Pour dreffer & couper les tronçons.		1	
Empointer.		1	3
Tourneur de la roue à empointer.		1	9
Repaffer la pointe.		1	
Tourneur de la roue à repaffer.		1	
Couper les hanfes.			9
Tourner le fil de la tête des épingles. . .			3
Couper ce fil ou les moulées.			9
Le marchand fait cuire les têtes, dont la dé-penfe pour le feu eft eftimée.			3
Pour frapper la tête des épingles.			8
Pour décraffer & jaunir les épingles, une demi-livre de tartre pour dix douzaines, & le feu eftimé, non compris le tems des ouvriers qui eft employé dans les prix précédens. .		1	
Pour faire blanchir les épingles, le tartre & le feu font eftimés		1	
Pour placer & bouter les épingles dans le pa-pier		1	
Pour le papier fur lequel les épingles font pi-quées, la main de papier pefe une livre, & coûte 6 fols. Il entre cinq onces trois gros de papier pour la douzaine de milliers def-dites épingles, qui valent audit prix . . .		2	
Les outils & faux frais eftimés		4	
Total du prix de la douzaine de milliers d'épingles du numéro VI.	3	7	3

B

Ces épingles se vendent communément 4 liv. la douzaine de milliers à Laigle. Ainsi le profit seroit de 12 f. 9 den. ou de près du cinquieme.

Pour connoître plus particulierement ces détails, on a joint à ces mémoires la table ci-après, qui comprend le poids des épingles sans papier, le poids du papier, le prix auquel elles doivent revenir aux fabriquans, celui qu'ils les vendent, & le bénéfice qu'ils doivent y faire.

TABLE pour une douzaine de milliers d'épingles.

Numéro des épingles.	Leur longueur.	Poids sans papier.			Poids du papier.		Total.			Prix auquel elles reviennent aux fabriquans.			Prix qu'ils les vendent.		Bénéfice.		
	lignes.	livres.	onces.	gros.	onces.	gros.	livres.	onces.	gros.	livres.	sols.	deniers.	livres.	sols.	liv.	sols.	den.
V.	8		14	7	4		1	2	7	2	8	6	3			11	6
VI.	9	1	9	6	5	3	1	15	1	3	7	3	4			12	9
VII.	10	2	5	4	6		2	11	4	4	4	7	5			15	5
VIII.	11	2	11	2	6	4	3	1	6	4	18	10	6		1	1	2
X.	11 $\frac{1}{2}$	3			8		3	8		5	6		6	10	1	4	
XII.	12 $\frac{1}{2}$	3	6	4	10		4		4	5	12	1	7		1	7	11
XIV.	13	3	12	4	11 0 18		4 7 4 18			6	3	11	8		1	16	1
XVII.	14	4	6	5	11		5	1	6	6	17	4	9		2	2	8
XX.	15	5	1		12		5	13		7	15	6	10	10	2	14	6
XXII.	16	5	11	6	13		6	8	6	8	14	2	12		3	5	10

Les poids & prix des épingles de chaque numéro sont un peu différens, suivant les fabriquans qui les font. Mais cette table peut toujours en faire connoître la proportion : on y voit que ces marchands gagnent plus sur les grosses épingles que sur les menues ; le bénéfice pouvant être pour un marchand qui en débiteroit six douzaines de milliers par jour, de 19 liv. 15 f. & seulement de 3 liv. 9 fols pour les plus petites, ce qui fait 11 liv. 12 fols du prix moyen par jour.

Les outils & machines précédentes & qui suffisent pour la fabrication des épingles, reviennent à 380 liv.

Ce mémoire nous a été communiqué par M. Perronet, à qui nous avons beaucoup d'autres obligations.

PLANCHE Iere.

Fig. 1. Ouvrier qui fesse les torques de fil de laiton.
2. Ouvrier qui les lave.
3. Ouvrier qui replie le fil déroulé autour de son bras.
4. Ouvrier qui tire le fil à la bobille.

Bas de la Planche.

Représentation de tout l'affutage de la bobille.
5. Plan du même affutage.
8. Jauge.

PLANCHE II.

La *fig.* 1. A représente l'élévation antérieure du billot dans lequel la meule est placée.
m, la meule.
b d, le fuseau.
e, la noix.
a b, *d e*, barreaux quarrés de bois, que l'on fixe avec des coins dans les faces latérales du billot, & dans les extrémités desquels les pointes du fuseau se placent : on voit en *f* une plaque de tôle, contre laquelle l'empointeur frappe les hampes qu'il veut empointer avant de les présenter à l'action de la meule, ainsi que la *fig.* 16 le fait voir. On voit à côté en B la coupe par la ligne A *f* où l'on voit comment le billot est recreusé quarrément pour placer la meule *m n o* qui tourne dans l'ordre de ces lettres, & en entonnoir *g h k l* pour laisser passer la corde sans fin qui communique le mouvement de la roue à la meule. On voit ce billot en perspective dans la vignette.
q p, profil du chassis.
La *fig.* 2. représente le dresseur tenant avec des tenailles *a*, un fil *a b* qui sort de dessus le tourniquet G, passe entre les clous de l'engin *d* où il se redresse. Le dresseur tire ce fil aussi long que la longueur du lieu peut le lui permettre, le coupe près de l'engin : on voit à ses piés plusieurs dressées *x y*.

Fig. 3. Coupeur de dressées ; il divise la dressée *g s* en tronçons aussi longs que la boîte *fig.* 15, & les met dans la sebile *g* qui est à côté de lui.
4. Coupeur de tronçons ; celui-ci divise les tronçons en longueurs de trois ou quatre épingles : il a sur la cuisse de la jambe étendue, la chausse représentée *fig.* 21, & deux sebilles à ses côtés, une pour les tronçons que le coupeur de dressées lui a remis, & l'autre pour les épingles qu'il en sépare. Ces deux ouvriers se servent de la cisaille représentée *fig.* 12, au bas de la Planche.
5. Empointeur assis, les jambes croisées devant le billot, sur une sellette inclinée : il présente les parties de tronçons que l'ouvrier, *fig.* 4. a coupés, & qui sont contenus dans la sebille *a*, à l'action de la meule pour y faire la pointe, & qu'il met ensuite dans la sebille *b*. On voit devant lui le chassis de verre qui garantit ses yeux de la limaille que la meule élance de tous côtés.
6. Tourneur de roue de l'empointeur.
7. Repasseur : il prend dans la sebille *c* les épingles auxquelles l'empointeur a fait la pointe : il perfectionne cette pointe sur une meule plus douce, les met ensuite dans la sebille *d*, d'où elles passent entre les mains des ouvriers qui y mettent les têtes.
8. Tourneur de roue du repasseur.
9. Tourneur de têtes. Son rouet. *c a*, le moule autour duquel le fil de tête s'enroule à mesure qu'il se développe de dessus le tourniquet *b*.
10. Profil & plan d'une boîte de fer servant à l'ouvrier, *fig.* 4. à couper les tronçons en longueurs d'une ou de plusieurs épingles. Il y a des boîtes de différentes longueurs pour les différentes sortes d'épingles. *Voyez* aussi la *fig.* 21 : 19. est la boîte en perspective.
11. Ciseaux ou cisailles servant au coupeur de têtes, *fig.* 8. *Pl. III.*
12. Cisailles servant au coupeur de dressées & au coupeur de tronçons : *fig.* 3. & 4. Extrémité de la plus longue branche terminée en palette se place sous le jarret de la jambe droite qui est pliée.
13. Représente dans la grandeur véritable la position des six clous 1, 2, 3, 4, 5, 6. qui composent l'engin propre à dresser le fil destiné à faire les épingles du numéro X. Le fil entre entre les clous par le côté *b*, & sort par le côté *a*.
14. Représente la porte *b c*, dans laquelle passe le fil de tête *f c*. L'ouvrier, *fig.* 9. tient cette porte à pleine main, & s'en sert pour conduire le fil de tête le long du moule *c a*, en allant de *c* vers *a*. *c b*, partie du moule déja entourée du fil de tête. *d*, épingle qui empêche le moule de s'écarter de la porte : on voit à côté le plan en grand de la poignée.
15. Profil & plan de la boîte dont se sert l'ouvrier,

fig. 3. pour couper les dreſſées en tronçons.

Fig. 16. Profil de la meule où on voit comment l'empointeur ou le repaſſeur préſentent les épingles S à la ſurface de la meule *m*; *b d*, le fuſeau; *c*, la noix ſur laquelle paſſe la corde ſans fin qui vient des roues, *fig.* 6 & 8, qui ont cinq piés & demi de diametre.

16. n°. 2. Plan de la meule M. *p q*, tampon de bois qui remplit l'œil de la meule : il eſt percé au centre d'un trou quarré, pour recevoir le fuſeau. Ces deux *figures* ſont ſur une échelle double ; c'eſt-à-dire, qu'un pié de l'échelle qui eſt au-deſſous ne doit être compté que pour ſix pouces.

Fig. 17. Profil de la table qui porte l'engin, vûe en perſpective dans la vignette. G le tourniquet. H K l'engin.

La *fig.* 17, n°. 2, eſt le plan des mêmes objets.

18. Profil de l'extrémité inférieure du rouet à tourner les têtes, *fig.* 9 de la vignette. *e d*, la tête ou poupée. 6. clé qui l'aſſujettit ſur le banc du rouet. 4. taſſeau de la poupée ſous laquelle on force le coin 5, pour donner plus ou moins de bande à la corde, qui après avoir paſſé ſur la noix, va paſſer ſur la roue du rouet, laquelle a deux piés huit pouces de diametre. 11. morceaux de nerfs de bœufs dans leſquels paſſe la broche de fer *f c* de la *fig.* ſuivante.

20. Elévation de la tête du rouet, vûe du côté de la roue. *e d*, tête ou poupée ; la queue *d* eſt traverſée par la clé 6. 4 le taſſeau. 5 le coin. *f c*, broche qui paſſe dans les deux nerfs de bœuf 3, 1 : cette broche porte la noix 2 de trois lignes de diametre : cette broche porte le moule *c a*, ſur lequel s'enveloppe le fil de tête conduit par la porte *b c*.

21. Perſpective de la chauſſe, que le coupeur de tronçons attache ſur ſa cuiſſe & ſur laquelle il fixe les tronçons qu'il veut couper au moyen de la croſſe *n* qui paſſe dans les brides *s r*. Il préſente la boîte 19, dont la profondeur regle celle des épingles, & il tranche avec les ciſailles, *fig.* 12. *m p*, la queue de la chauſſe qui eſt tournée du côté du genou, & ſert à empêcher qu'elle ne ſe renverſe lorſque l'ouvrier pouſſe la boîte 19 contre les tronçons. *k k*, courroies de cuir ſervant à attacher la chauſſe ſur la cuiſſe gauche.

21. n°. 2. Elévation & profil de la chauſſe. *l l*, couſſins qui garniſſent la partie de la chauſſe qui s'applique ſur la cuiſſe. (*D*)

Tous ces deſſeins ſont exactement conformes aux machines dont on fait uſage à Laigle en Normandie. Les dimenſions qu'on a obmiſes, ſe retrouveront facilement par le ſecours des échelles qui ſont au-bas de chaque Planche.

PLANCHE III.

La *Fig.* 1. repréſente le jauniſſeur d'epingles, qui agite les épingles dans un baquet ſuſpendu à une piece de bois fixe. Ce baquet a vingt-un pouces de diametre par le haut, & quatorze pouces de hauteur : on y met une trentaine de livres peſant d'épingles & un ſeau d'eau dans laquelle on a fait bouillir pendant une demi-heure à gros bouillons, une demi-livre de tartre. L'ouvrier balance ce baquet à deux mains, dont une eſt placée aux bords de deſſus, & l'autre aux peignes d'em-bas, juſqu'à ce que les épingles ſoient décraſſées, & que leurs têtes ſoient reblanchies : ce baquet ſert auſſi à éteindre les épingles.

2. Ouvrier qui ſeche les épingles dans le barril foncé B, qu'on appelle *frottoir*, dans lequel on les a introduites avec du ſon.

3. Ouvrier qui vanne les épingles.

4 & 5. Deux ouvriers qui ſechent les épingles après qu'elles ſont ſorties du blanchiment ; ce qui ſe fait en mettant environ quatorze livres peſant d'une ſeule ſorte avec du ſon dans un ſac de cuir compoſé de deux peaux de mouton couſues enſemble. Ces deux ouvriers ſe renvoient alternativement les épingles contenues dans le ſac à frotter, où étant ainſi agitées avec le ſon, elles ſont bientôt ſeches.

Fig. 6. Ouvrier qui coule l'étain ſur le coutil pour le réduire en plaques. Il verſe dans le chaſſis avec une cuillere l'étain fondu qu'il a puiſé dans la chaudiere *m*.

7. Ouvrier qui fait recuire les têtes d'épingles dans la cuillere *n*, dont le manche terminé comme un chenet, ſoutient la cuillere, ce qui diſpenſe l'ouvrier de ce ſoin.

8. Ouvrier qui coupe les têtes : cette figure eſt mal-à-propos citée comme appartenant à la planche *II.* Cet ouvrier tient de la main gauche une douzaine de moulées *o n*, qu'il tranche avec les ciſeaux camards repréſentés par la *fig.* 11, *pl. II.* Les têtes ſont reçues dans un tablier de peau attaché à ſa ceinture & à une eſpece de ſellette qu'il a devant lui ; il les met enſuite dans une ſebille que l'on voit à côté.

9. Repréſente la table où l'on coupe au compas les plaques d'étain dont on ſe ſert pour blanchir les épingles, & qui doivent entrer dans la chaudiere, *fig.* 14.

10. Repréſente ce qu'on appelle une portée compoſée d'une vingtaine de plaques d'étain de ſeize pouces de diametre, ſur chacune deſquelles on met environ deux livres peſant d'épingles après qu'elles ſont ſorties des mains du jauniſſeur. Ces plaques ont un rebord d'environ ſix lignes de haut pour empêcher les épingles de tomber : le tout eſt porté par une croix de fer 1, 2, 3, 14, qu'on voit au bas de la Planche. On empile dans la chaudiere autant de portées qu'elle en peut contenir.

11. Repréſente deux bâtons de bois, au milieu deſquels eſt une boucle paſſée dans un anneau. Ces bâtons ſervent à enlever la chaudiere deſtinée au blanchiment, que l'on voit à côté, en paſſant les crochets dont elle eſt armée dans les anneaux de ces bâtons : on voit mieux un de ces crochets dans la *fig.* 14.

12 & 13. Deux Frappeurs qui mettent les têtes aux épingles. Ces figures ſont mal-à-propos citées comme appartenant à la *planche II.* La *fig.* 12, n°. 2. au *bas de la planche*, & les *fig.* 17, 18, & 19 ſont toutes relatives au même objet. La *fig.* 18. eſt le plan du métier à ſix places, A B C D E F pour ſix frappeurs. C'eſt un billot de bois ou tronc d'arbre, de trois piés neuf pouces de diametre & ſeize pouces de haut, ſur lequel ſont élevés ſix poteaux *s s s*, *s t, s t*, *fig.* 12, *n.* 2, aſſemblés par les traverſes *t t*, dans leſquelles paſſent les broches *x x* & l'outibot *b c*. Les broches terminées en pointes repoſent par leur partie inférieure ſur des plaques de plomb 5, 7, place B, *fig.* 18, encaſtrées dans des creux 1, 3, place A, pratiqués dans le billot. L'outibot eſt guidé par la moiſe de fer *y y*, enſorte que le poinçon Z dont ſon extrémité inférieure eſt armée, tombe juſte ſur l'enclume 6, places B & C, dont la queue entre dans le trou 2, place A. L'entêteur, aſſis à ſa place, les coudes appuyés ſur les barres de bois G H, prend dans la broche ou calotte *o z*, places E, F, qu'il a devant lui, une hampe ou corps d'épingle placé en Z, comme on voit place D, & la pouſſe dans un grand nombre de têtes placées en *o*, où elle ne peut manquer d'en enfiler une ou pluſieurs. Il place enſuite l'épingle chargée d'une ſeule tête ſur l'enclume 6 ; & lâchant le pié de deſſus la marchette *g f*, *fig.* 12. *n.* 2, le poids *a* dont l'outibot eſt chargé, le fait deſcendre ſur l'enclume & comprime la tête autour de l'épingle, qui après qu'elle eſt façonnée, eſt jettée dans l'eſpace 3, 10, place D ou Z, place C, *fig.* 18.

14. Chaudiere à blanchir de cuivre rouge, de dix-huit pouces de diametre & deux piés & demi de hauteur.

15. Partie d'une portée empilée ſur la premiere, & deſtinée à entrer dans la chaudiere.

16. Repréſente le plan de la moiſe *y y* qui guide le mouvement vertical de l'outibot. On voit par cette *figure* deſſinée, ainſi que les deux ſuivantes, ſur une échelle de quadruple de celle qui eſt ſur la planche, que les broches *x x* de ſix lignes de gros, ne rem-

pliffent pas exactement les trous dans lefquelles elles paffent. On laiffe un vuide de deux ou trois lignes que l'on remplit de parchemin huilé pour faciliter le mouvement de la moife le long des broches : on met auffi du parchemin dans le trou de la traverfe par lequel paffe la tige de l'outibot.

Fig. 17. Repréfente en grand l'outibot fur l'échelle quadruple, c'eft-à-dire, que quatre piés ne font compte que pour un. On voit en Z comment la partie inférieure eft recreufée fur neuf lignes de profondeur & fix en quarré pour recevoir le poinçon *z a* de fix lignes en quarré, & dix lignes de long réduit à cinq lignes en quarré par les extrémités. A côté en *x* eft le plan du poinçon, le long des quatre rives duquel font des cavités hémifphériques, dans une defquelles la tête de l'épingle fe forme : ces cavités font faites avec le poinçon émouffé que l'on voit de l'autre côté de l'outibot.

18. *Voyez* ci-deffus, *fig.* 12.

Fig. 19. Repréfente le canon & l'enclume deffinée fur l'échelle quadruple. *a* 6, l'enclume : 6, le canon qui la reçoit, & qui eft recreufé, comme les lignes ponctuées le font voir, de fix lignes en quarré, fur autant de profondeur. Ce canon dont la queue 7 entre dans le trou 2, place A, *fig.* 18, reçoit l'enclume *a* 6, d'un pouce de long, fur fept lignes en quarré par le haut & quatre lignes par le bas : la face fupérieure a quatre cavités hémifphériques comme le poinçon, ainfi qu'on peut voir par le plan *y* qui eft à côté. Ces cavités communiquent à des gouttieres dans lefquelles le corps de l'épingle trouve place.

20. Repréfente le poinçon ou peigne avec lequel on pique les papiers dans lefquels on place les épingles après qu'elles font achevées. On voit audeffous le profil du même poinçon, & la maniere dont le papier eft plié en plufieurs doubles quand on le pique.

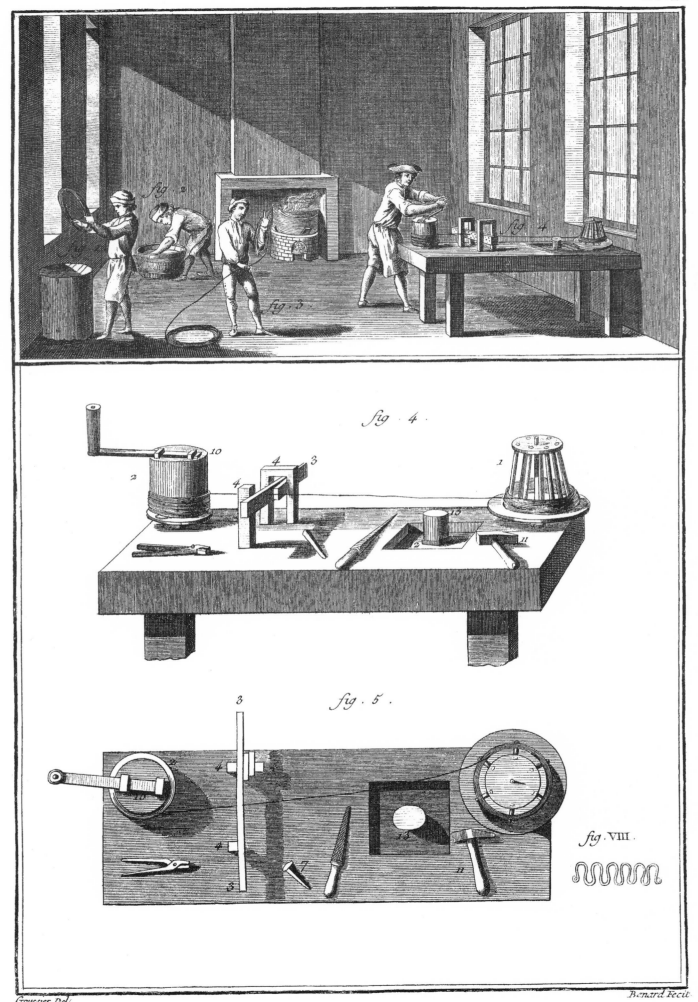

Pl. 1.

fig. 2.

fig. 3.

fig. 4.

fig. 4.

10

2

4 4

3

1

13

11

fig. 5.

3

4

4

3

fig. VIII.

7

11

Goussier Del.

Benard Fecit.

Epinglier.

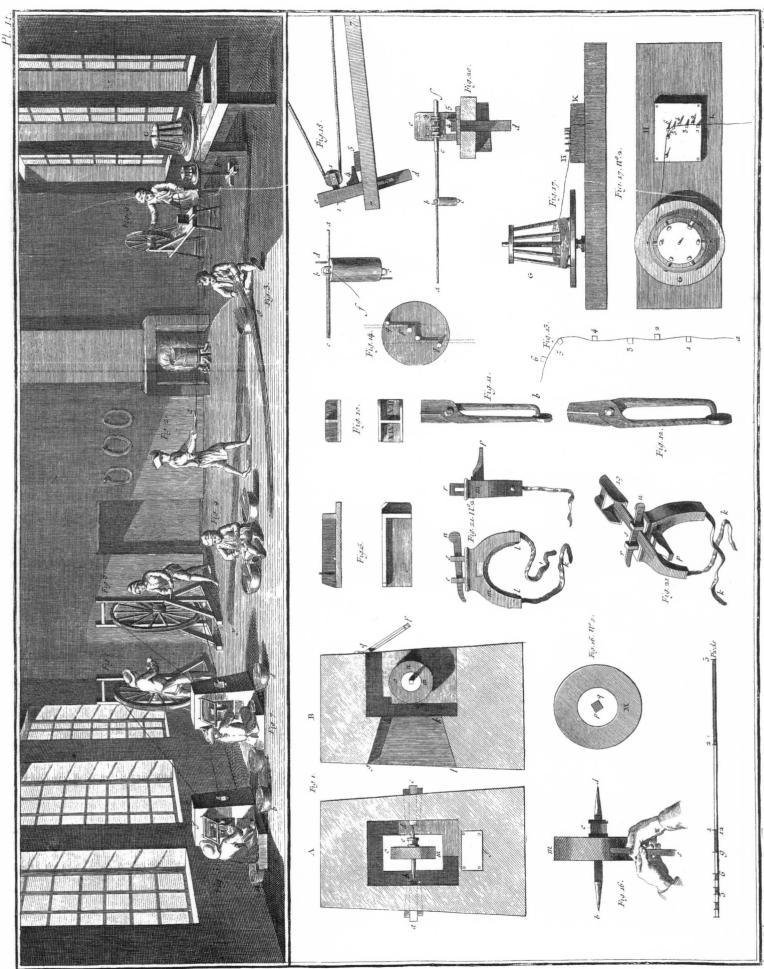

Epinglier.

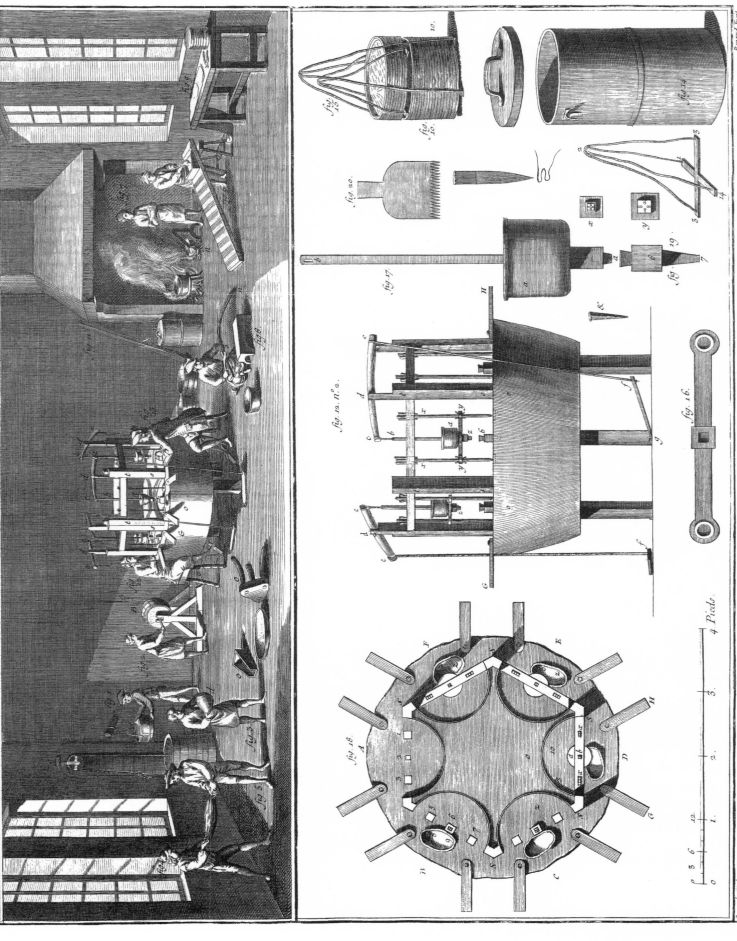

Pl. III.

Epinglier.

FERBLANTIER.

CONTENANT DEUX PLANCHES.

PLANCHE Iere.

LA vignette repréfente une boutique dans laquelle font expofés différens ouvrages de Ferblanterie.

Fig. 1. Ouvrier qui forme une caffetiere fur la bigorne. *a* la bigorne.

2. Ouvrier qui lime un ouvrage foudé, pour pouvoir y ajufter un couvercle.

3. Ouvrier qui foude une caffetiere. *b* la poîle à feu, dans laquelle il fait chauffer les fers à fouder. *c* la caffetiere qu'il foude. *d* le morceau de foudure d'étain.

4. Tas à dreffer.

5. Bigorne.

6. *e* Développement d'un morceau de fer-blanc taillé pour en former un couvercle, tel qu'on voit en *h*. *f* Développement d'une piece de fer-blanc taillée pour en former un entonnoir tel qu'on le voit en *g*. La partie *l* eft une autre piece foudée après coup, ainfi que le rebord *m*.

Bas de la Planche.

1. 2. & 3. Tas à canneler différens ouvrages de fer-blanterie.

4. Tas à dreffer.

5. & 6. Bigorne.

7. Bigorne à chantepure.

8. Maillet de bois; il fert à dreffer.

9. Groffe bigorne à caffetiere.

10. Bigorne à goulot. La partie *a* de la figure 5. fert à cet ufage.

11. Marteau à planer.

12. Martelet.

13. 14. 15. 16. 17. 18. Différens marteaux pour gaudronner & fabriquer les pieces rondes ou demi-rondes,

PLANCHE II.

Fig. 19. Cifaille à banc.

20. Cifaille à main.

21. Plaque de plomb, fur laquelle on découpe avec l'emporte-piece.

22. Fer à fouder.

23. Rochoir qui contient de la poix-réfine pulvérifée.

24. Appuyoir.

25. Sceau.

26. Soufflet.

27. Grand tas.

28. Tenaille.

29. Pince plate.

30. Pince ronde.

31. Gouge ou emporte-piece.

32. Niveau ou équerre.

33. 34. 35. 36. 37. 38. 39. 40. 41. 42. Différens emportes-pieces en étoile, en cœur, en treffle, &c.

43. Cifeau.

44. Autre emporte-piece.

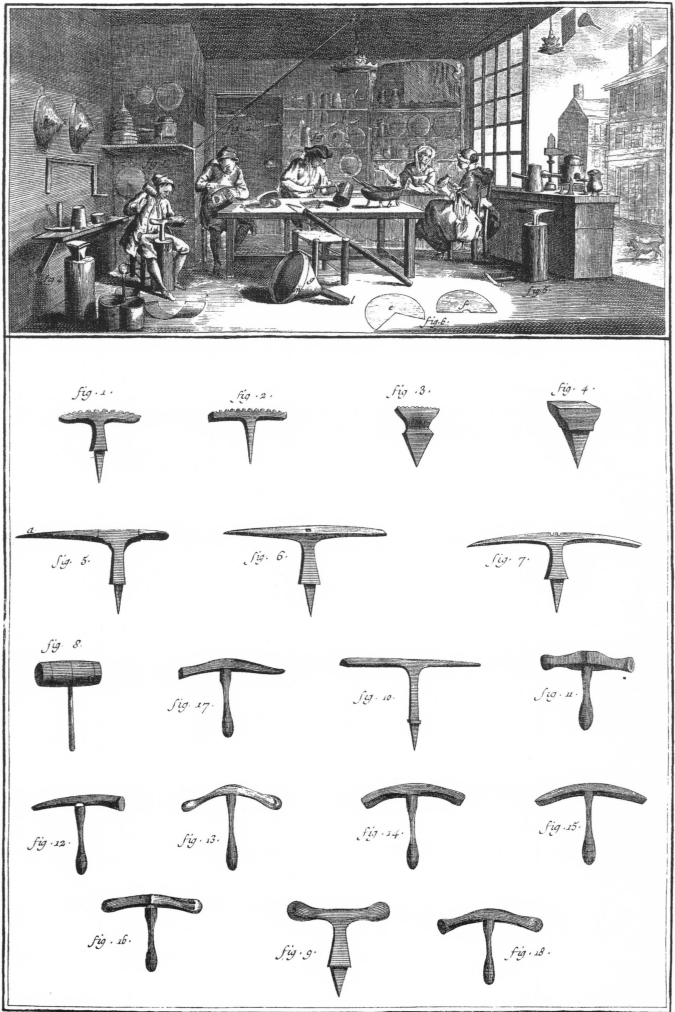

Pl. I.

fig. 1.

fig. 2.

fig. 3.

fig. 4.

a.

fig. 5.

fig. 6.

fig. 7.

fig. 8.

fig. 17.

fig. 10.

fig. 11.

fig. 12.

fig. 13.

fig. 14.

fig. 15.

fig. 16.

fig. 9.

fig. 18.

Prevost del.

Benard fecit.

Ferblantier

Pl. II

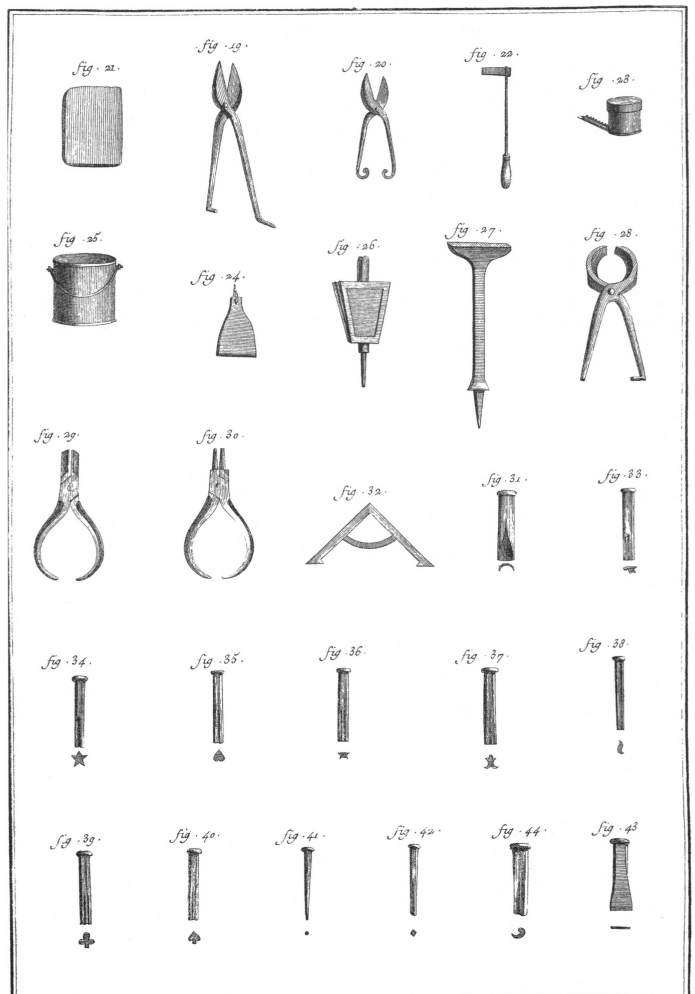

Ferblantier.

Prevost del.

Benard Fecit

TAILLANDIER,

CONTENANT avec la fabrique des étaux , douze Planches.

PLANCHE Iere.

LE haut de cette Planche repréſente un attelier de taillandier où pluſieurs ouvriers ſont occupés à divers ouvrages de cet art. Les uns en *a* , à faire mouvoir les ſoufflets de la grande forge ; un en *b* , à tourner & retourner l'ouvrage ſur l'enclume ; un en *c* , à poſer une miſe pour la faire ſouder ; deux autres en *d* & en *e* , à frapper deſſus ; & un autre en *f* , à tailler des limes. Près de-là en *g* eſt une forge ; *h* , une enclume, en *i* un baquet, en *k k* des outils , & en *l* une potence pour aider au tranſport des ouvrages de la forge à l'enclume , & de l'enclume à la forge. Le reſte de l'attelier eſt ſemé de quantité d'ouvrages & outils relatifs à cette profeſſion.

Façon d'une enclume.

Fig. 1. Maſſe de fer propre à faire une enclume. A , le trou de la barre pour la tenir.

2. La même maſſe montée. A , la maſſe. B , la barre. C , le rouleau de bois.

3. Barre. A , le côté qui entre dans le trou de la maſſe. B , la pointe qui entre dans le rouleau

4. Rouleau. A A , &c. les cercles. B B , les trous de la manivelle.

5. Manivelle du rouleau de fer.

6. Miſe de fer pour groſſir la maſſe. A , la miſe. B , la barre pour la tenir.

7. Maſſe à laquelle eſt ſoudée la miſe de fer. A , la maſſe. B , la miſe. C , la barre.

8. Bigorne prête à ſouder à la maſſe. A , la bigorne. B , la barre.

9. Maſſe de fer où eſt ſoudée la bigorne. A , la maſſe. B , la bigorne. C , partie de la barre.

10. Maſſe où ſont ſoudées deux bigornes. A , la maſſe. B B , les bigornes C , le trou de la barre.

11. Plateau pour être ſoudé ſous l'enclume. A , le plateau. B , la barre.

12. Maſſe prête à ſouder au plateau. A , la maſſe. B B , les bigornes. C , le trou de la barre.

13. Miſe d'acier pour être ſoudée ſur la ſurface de l'enclume. A , la miſe. B , la barre pour la tenir.

14. Enclume ébauchée. A , la maſſe. B B , les bigornes. C , le plateau.

PLANCHE II.

Façon d'une bigorne.

Fig. 1. Gros courçon. A , la maſſe du courçon. B , la pointe. C , la barre pour la tenir.

2. Maſſe du courçon à laquelle eſt ſoudée la virole ſervant d'embaſe. A , la maſſe. B , la virole. C , la barre.

3. Virole tournée prête à ſouder à la maſſe du courçon.

4. Serre de fer pour être placée dans le joint de la virole & l'aider à ſouder.

5. Maſſe du courçon refoulée & préparée à être ſoudée à deux bigornes. A , la maſſe. B , la partie refoulée. C , la virole ſoudée. D , la barre.

6. Maſſe à laquelle eſt ſoudée une bigorne. A , la maſſe. B , la bigorne. C , la virole. D , la pointe.

7. Bigorne prête à ſouder à la maſſe. A , la bigorne. B , la barre pour la tenir.

8. Miſe d'acier pour être ſoudée ſur la ſurface de la bigorne. A , la miſe. B , la barre.

9. Bigorne ébauchée. A , la maſſe. B B , les deux bigornes. C , l'embaſe. D , la pointe.

Façon d'un marteau.

10. Maſſe de marteau. A , le côté de la tête. B , côté de la panne.

11. Plateau d'acier prêt à être ſoudé à la tête du marteau. A A , les crocs.

12. Maſſe du marteau à laquelle eſt ſoudé le plateau d'acier. A , le côté de la tête. B , le côté de la panne.

13. Maſſe du marteau préparée pour y ſouder le plateau à la panne. A , la tête. B , la panne.

14. Plateau d'acier prêt à être ſoudé à la panne du marteau. A A , les crocs.

15. Maſſe du marteau à laquelle ſont ſoudés les deux plateaux d'acier. A , la tête. B , La panne.

16. Maſſe du marteau à laquelle eſt percé l'œil. A , la tête. B , la panne. C , l'œil.

17. Maſſe du marteau à laquelle l'œil eſt équarri. A , la tête. B , la panne. C , l'œil.

Façon d'une ſerpe.

18. Serpe ébauchée préparée à recevoir l'acier. A , la maſſe. B , la pointe. C , la fente.

19. Serpe ébauchée garnie de ſa lame d'acier. A , la maſſe. B , la pointe. C , la lame d'acier.

20. Serpe faite. A , la ſerpe. B , la pointe.

21. Lame d'acier.

Façon d'une coignée.

22. Morceau préparé pour la douille d'une coignée. A , le corps. B B , les pattes.

23. Douille de la coignée faite. A , la douille. B , la patte pour être ſoudée au tranchant de la coignée.

24. Côté du tranchant de la coignée préparé. A , la maſſe. B , l'acier.

25. Morceau d'acier préparé pour faire le tranchant de la coignée.

26. Serre de fer préparée pour être ſoudée entre les deux pattes.

Façon d'une beſaiguë.

27. Morceau d'acier préparé pour faire le tranchant du bec-d'âne d'une beſaiguë.

28. Beſaiguë ébauchée. A , côté du bec-d'âne. B , le morceau d'acier. C , côté du ciſeau. D , le morceau d'acier. E , le billot préparé pour y ſouder la douille ſervant de manche.

29. Rouleau pour être ſoudé au bout de la douille.

30. Morceau de fer préparé pour faire la douille.

31. La douille faite. A , le côté plein. B , le côté vuide.

32. Morceau d'acier préparé pour faire le tranchant du ciſeau de la beſaiguë.

PLANCHE III.

Façon d'une ciſaille.

Fig. 1. Ciſaille ébauchée. A , le côté du tranchant. B , le côté du manche.

2. Ciſaille préparée à recevoir l'acier. A , le côté du tranchant fendu. B , le côté du manche.

3. Ciſaille ébauchée garnie de ſa lame d'acier. A , le côté du tranchant. B , le côté du manche. C , la lame d'acier.

Façon d'une planne.

4. Planne ébauchée. A , la planne. B , la fente prête à recevoir l'acier.

5. Planne ébauchée garnie de ſa lame d'acier. A, la planne. B, la lame d'acier.
6. Lame d'acier.
7. Planne faite. A, le tranchant. BB, les pointes pour être emmanchées.

Façon d'une filiere.

8. Filiere ébauchée. A, la filiere. BBB, les grains d'acier. CC, les manches.
9. Grain d'acier préparé pour être ſoudé à la filiere.

Façon d'un tarau.

10. Tarau ébauché. A, la tête. B, la virole d'acier prête à ſouder.
11. Virole d'acier préparée à être ſoudée au tarau.
12. Tarau fait. A, la tête. B, la partie pour faire la vis.

Façon d'un tas rond.

13. Maſſe de fer cylindrique préparée pour un tas.
14. Grain d'acier pour être ſoudé ſur la ſurface du tas. AA, les crocs.
15. Tas fait. A, le tas. B, l'acier ſoudé. C, la pointe.

Façon d'un tas quarré.

16. Maſſe de fer préparée pour un tas.
17. Grain d'acier pour être ſoudé ſur la ſurface du tas. AA, les crocs.
18. Tas fait. A, le tas. B, l'acier ſoudé. C, la pointe.

Façon de triquoiſes.

19. & 20. Les deux branches des triquoiſes ébauchées. AA, les mors. BB, les branches.
21. Morceau d'acier préparé pour être ſoudé à l'un des mors des triquoiſes.
22. & 23. Les deux branches des triquoiſes préparées à être garnies d'acier. AA, les mors. BB, les morceaux d'acier. CC, les branches.
24. Branche de triquoiſes faite. A, le mors. B, l'œil. C, la branche.

Façon d'un étau.

25. Maſſe de fer préparée pour faire une jumelle d'étau. A, le côté du mors. B, la tige. C, la partie de la barre pour le tenir.
26. Seconde opération de la jumelle. A, le mors. B, la porte-limaille. C, l'œil fendu. D, la tige. E, la partie de la barre.
27. Troiſieme opération de la jumelle. A, le mors. B, la lame d'acier ſoudée. C, la porte-limaille. D, l'œil agrandi. E, la tige. F, partie de la barre.
28. Jumelle faite. A, le mors. B, la porte-limaille. C, l'œil. D, la tige. EE, les entailles des platines. F, la partie de la barre.
29. Portion de la jumelle mobile. A, la tige. B, le tenon. C, le trou du boulon.
30. Grain d'acier prêt à ſouder à l'un des mors de l'étau. AA, les crocs.
31. & 32. Platines de la jumelle immobile. AA, les épieux d'aronde. BB, les trous du boulon.

PLANCHE IV.

Œuvres blanches.

Fig. 1. Beſaiguë. A, le bec-d'âne. B, le ciſeau. C, la tige. D, la douille ſervant de manche.
2. Coignée. A, le taillant. B, la douille.
3. Herminette à marteau. A, le taillant. B, la tête. C, l'œil.
4. Hachette. A, le taillant. B, la tête. C, l'œil.
5. Herminette à gouge. AA, les taillans. B, l'œil.
6. Herminette ſimple. A, le taillant. B, la tête.
7. Ciſeau. A, le taillant. B, la tête.
8. Gouge. A, le taillant. B, la tête.
9. Gouge quarrée. A, le taillant. B, la tête.

10. Rainette. A, le traer. B, celui pour donner de la voie aux ſcies
11. Plantoir. A, la tête. B, la pointe.
12. Hache. A, le taillant. B, l'œil.
13. Scie de maçon. AA, les yeux.
14. Scie de menuiſier. AA, les yeux.
15. Scie à main. A, la ſcie. B, la pointe.
16. Planne. A, le taillant. BB, les pointes coudées.
17. Tarriere. A, la tarriere. B, la tête. C, la tige.
18. Serpe. A, le taillant. B, le dos. C, la pointe.
19. Serpette. A, le taillant. B, le dos. C, la pointe.
20. Faux à bras. A, le taillant. B, le dos. C, le bras. D, le talon.
21. Faux à douille. A, le taillant. B, le dos. C, la douille.
22. Faucille. A, le taillant. B, le dos. C, la pointe.
23. Faucille à ſcie. A, la ſcie. B, le dos. C, la pointe.
24. Petite faucille. A, le taillant. B, le dos. C, la pointe.

PLANCHE V.

Œuvres blanches.

Fig. 1. Houe à deux branches. AA, les branches. B, la tête.
2. Raclette. A, le taillant. B, la tête.
3. Hoyau. A, le taillant. B, la tête.
4. Houe ſimple. A, le taillant. B, la tête.
5. Sarcle. A, le taillant. B, la tête.
6. Crochet. AA, les pointes. B, la tête.
7. Maille. A, la pointe. B, la tête.
8. Beche. A, le tranchant. B, la douille.
9. Petite ſerpe. A, le taillant. B, le dos. C, la pointe.
10. Petite ſerpette. A, le taillant. B, le dos. C, la pointe.
11. Grand couteau à ſcie. AA, les dents. B, le dos. C, la pointe.
12. Petit couteau à ſcie. AA, les dents. B, le dos. C, la pointe.
13. Ratiſſoire à tirer. A, la platine. B, la douille.
14. Ratiſſoire à pouſſer. A, la platine. B, la douille.
15. Croiſſant. A, le taillant. B, le dos. C, la douille.
16. Pioche pointue. A, la pointe. B, la douille.
17. Pioche plate. A, le taillant. B, la douille.
18. Pioche longue. A, le taillant. B, la douille.
19. Ciſeaux de jardinier. AA, les mors. BB, les branches. CC, les pointes.
20. Echenilloir. AA, les mors. B, la branche à anneau. C, la branche à douille. D, la douille. E, le crampon. F, le reſſort.
21. Déplantoir. A, le taillant. B, la douille.
22. Grande pointe de plantoir. A, la pointe. B, la douille.
23. Petite pointe de plantoir. A, la pointe. B, la douille.
24. Outil à écraſer les limaçons. AA, les branches. B, le reſſort.
25. Binette. AA, les pointes. B, le taillant. C, l'œil.
26. Marteau à planne. AA, les têtes acérées. B, l'œil.
27. Marteau à têtes rondes. AA, les têtes acérées. B, l'œil.
28. Marteau à retreindre. A, la tête. B, la panne. C, l'œil.
29. Tas d'étau. A, la tête acérée. B, le tenon à talon.
30. Tas rond de l'étau. A, la tête acérée. B, le trou à talon.
31. Bigorne d'étau. A, la tige. B, la bigorne ronde. C, la bigorne quarrée. D, le tenon à talon.
32. Doloire. A, la pointe. B, le manche.

PLANCHE VI.

Vrillerie.

Fig. 1. Carreau. A, le carreau. B, la pointe.
2. Demi-carreau. A, le demi-carreau. B, la pointe.
3. Quarrelette. A, la quarrelette. B, la pointe.
4. Demi-ronde. A, la demi-ronde. B, la pointe.
5. Lime à potence. A, la lime. B, la pointe.
6. Tiers-point. A, le tiers-point. B, la pointe.
7. Queue-de-rat. A, la queue-de-rat. B, la pointe.

8. Filiere. A A, les trous de la filiere. B B, les branches.
9. Tourne-à-gauche. A, le trou. B B, les branches.
10. & 11. Taraux. A A, les taraux. B B, les têtes.
12. Burin. A, le taillant. B, la tête.
13. Bec-d'âne. A, le taillant. B, la tête.
14. Langue-de-carpe. A, le taillant. B, la tête.
15. & 16. Forets. A A, les taillans. B B, les têtes.
17. Fraise à pan. A, la fraise. B, la tête.
18. Fraise ronde. A, la fraise. B, la tête.
19. Cifailles. A A, les mors. B B, les branches.
20. Cifoirs. A A, les mors. B, la branche fupérieure. C, la branche inférieure.
21. Pointeau. A, le pointeau acéré. B, la tête.
22. Poinçon plat. A, le poinçon acéré. B, la tête.
23. Poinçon rond. A, le poinçon acéré. B, la tête.
24. Tas rond. A, la tête. B, la pointe.
25. Tas quarré. A, la tête. B, la pointe.
26. Bigorne d'établi. A, la tige. B, la bigorne ronde. C, la bigorne quarrée. D, la pointe.
27. Triquoifes. A A, les mors. B B, les branches.
28. Pinces rondes. A A, les mors. B B, les branches.
29. Pinces plates. A A, les mors. B B, les branches.

PLANCHE VII.

Vrillerie.

Fig. 1. Enclume fimple.
2. Enclume à bigorne. A, la bigorne ronde. B, la bigorne quarrée.
3. Plateau de fer.
4. Tarau à ardoife. A, le tarau. B, la pointe.
5. Petite vrille. A, la vrille. B, le manche.
6. Marteau à ardoife. A, la tête. B, la panne. C, le manche.
7. Marteau à trancher. A, le tranchant. B, la tête. C, le manche.
8. Rivoir. A, la tête. B, la panne. C, l'œil.
9. Marteau à bigornet. A, la tête. B, la panne. C, l'œil.
10. Marteau à main. A, la tête. B, la panne. C, l'œil.
11. Marteau à devant. A, la tête. B, la panne. C, l'œil.
12. Marteau à main à tête ronde. A, la tête. B, la panne. C, l'œil.
13. Marteau à bigornet à tête ronde. A, la tête. B, la panne. C, l'œil.
14. Marteau à planner. A A, les têtes. B, l'œil.
15. Petit marteau à planner. A A, les têtes. B, l'œil.
16. Martelet. A, la tête. B, le taillant. C, le manche à douille.
17. Groffe vrille. A, la vrille. B, le manche.
18. & 19. Burins à tailler les limes. A A, les taillans. B B, les têtes.
20. Fermoir. A, le taillant. B, la tige. C, l'embafe. D, la pointe.
21. Burin. A, le taillant. B, la tête.
22. Gouge. A, le taillant. B, la tête.
23. Tarriere. A, la tarriere. B, la tête.
24. Perçoir à vin. A, le perçoir. B, la tige. C, la tête.
25. Tourniquet de perçoir à vin. A, le trou quarré. B, la poignée. C, le touret à trois branches.
26. Tenailles à chanfrein. A A, les mors. B, la charniere. C, le reffort.
27. Tenailles à vis. A A, les mors. B, la charniere. C, la vis à écrou. D, l'écrou à oreilles.
28. Tenailles à rouleaux. A A, les mors. B, la charniere. C, le reffort.
29. Autres tenailles à rouleaux. A A, les mors. B, le reffort.
30. Tenailles de forge à rouleaux. A A, les mors. B B, le reffort.
31. Tenailles croches à rouleaux. A A, les mors. B B, les branches.
32. Tenailles croches. A A, les mors. B B, les branches.
33. Tenailles droites. A A, les mors. B B, les branches.

PLANCHE VIII.

Groſſerie.

Fig. 1. Crémaillere à deux barres. A, la barre à crochet. B, la barre dentée. C, l'anneau.
2. Crémaillere fimple. A, la barre à touret. B, la barre à crochet. C, la barre de fupport.
3. Pelle. A, la tige. B, l'embafe. C, la pelle.
4. Pincettes. A, la tête. B B, les branches.
5. Chenet de broche. A, la barre. B B, les piés. C C, les crochets.
6. Tenailles à feux. A A, les mors. B, la charniere. C C, les branches. D D, les embafes.
7. Manivelle de moulin à trois coudes. A, le crochet. B, la tige. C, le pivot. D D D, les coudes.
8. Ecrou d'effieu.
9. Clé d'effieu.
10. Gril. A A, les piés. B, la queue.
11. Chevrette. A A, les piés.
12. Fourche. A, la douille. B B B, les pointes.
13. Fléau. A, le trou du boulon.
14. Feu ou chenet de chambre. A A A, les vafes. B B B, les piés. C C, les traverfes. D D, les piés de derriere. E E, les barres.
15. Feu ou chenet de cuifine. A A, les piés de devant. B, la tige. C, l'anneau. D E, les crochets. E, la barre. F, le pié de derriere.
16. Poële. A A, les montans. B B, les piés. C C, les panneaux. D, la tablette inférieure. E, la tablette fupérieure. F, le tuyau du poële. G, la porte.
17. Plaque de cheminée.
18. Crampon de cloche. A A, les crochets.
19. Battant de cloche. A, l'anneau. B, la tige. C, le vafe.
20. Effieu à clavette. A A, les tourillons. B B, les trous de clavette.
21. Effieu à écrou. A A, les tourillons. B B, les vis.
22. Clé d'effieu.
23. Ecrou d'effieu.

PLANCHE IX.

Groſſerie.

Fig. 1. Grand trépié. A A A, les piés.
2. Petit trépié. A A A, les piés.
3. Chevrette triangulaire. A A A, les piés.
4. Lechefritte. A, la lechefritte. B, le manche.
5. Broche à noix. A, la broche. B, la noix.
6. Broche à manivelle. A, la broche. B, la manivelle.
7. Pilier de boutique. A, le pilier. B B, les embafes.
8. Marmite. A, la marmite. B B B, les piés. C C, les oreilles. D, l'anfe.
9. Truelle. A, la truelle. B, le manche à pointe.
10. Réchaud quarré. A A, les piés.
11. Réchaud circulaire. A A, les bords.
12. Chevrette arrondie. A A A, les piés.
13. Poële. A, la poële. B, la queue. C, le crochet.
14. Chaudron. A, le chaudron. B, la queue. C, le crochet.
15. Queue d'écumoire. A, la queue. B, le crochet.
16. Sergent. A, la tige. B, le crochet. C, la couliffe.
17. Cercle de fil de fer pour les cafferoles.
18. Valet. A, la tête. B, la tige. C, la patte.
19. & 20. Coins de carriers. A A, les têtes. B B, les taillans.
21. Marteau à tailler les pavés. A A, les tranchans. B, l'œil.
22. Marteau de paveur. A, la tête. B, la pointe. C, l'œil.
23. Maffe. A, l'œil.
24. Pince. A, la tige. B, la pince.
25. Moufle de poulie. A, la moufle. B, l'œil. C, le crochet.
26. Déceintroir. A, le tranchant. B, la pointe. C, l'œil.
27. Marteau. A, la tête. B, la pointe. C, l'œil.
28. Têtu. A A, les têtes. B, l'œil.

29. Fourche coudée. A A, les branches de la fourche. B, le coude. C, la douille.
30. Croc. A A, les crocs. B, l'anneau.

PLANCHE X.

Machine à tarauder les boîtes & vis d'étaux.

Fig. 1. Boîte montée prête à être taraudée. (il faut observer ici que jufqu'à préfent l'on a toujours rapporté & enfuite brafé les filets dans ces fortes de boîtes, qu'ainfi ils font fort fujets à fe débrafer ; qu'un filet alors pris à même la piece, eft infiniment fupérieur en force & en folidité, qu'en conféquence cette machine de mon invention eft la premiere qui ait été imaginée à ce fujet.) A, la boîte montée. B B, &c. les vis pour la maintenir. C C, les jumelles de la machine. D D, les entretoifes d'en-bas. E E, les entre-toifes d'en-haut. F, la vis de conduit. G, le couffinet de conduit. I, le tourne-à-garet. H, la tige à chapeau.
2. Vis montée prête à être taraudée. A, la vis montée. B, la vis pour pouffer l'outil. C C, les jumelles. D D, les entre-toifes d'en-bas. E E, les entre-toifes d'en-haut. F, la vis de conduit. G, le canon. H, le couffinet de conduit. I, les vis pour le maintenir. K, le couffinet de la vis. L, tourne-à-gauche du levier. M, la tige à chapeau.
3. Sommet de la tige à chapeau. A, la piece de bois pour la foutenir. B, la tige. C, la clavette. D, la bride. E E, les vis.
4. Clavette de la tige. A, la tête.
5. & 6. Vis de la bride. A A, les vis. B B, les têtes.
7. Bride. A A, les pattes.
8. Couffinet fimple de la machine à tarauder les vis. A, le trou de la vis. B B, les languettes. C, le trou de l'outil.
9. Outil. A, le taillant.
10. Vis pour pouffer l'outil. A, la tête. B, la vis.
11. Vis pour foutenir le couffinet de conduit. A, la tête. B, la vis.
12. Couffinet de conduit pour la vis. A, le trou taraudé.
13. Clé à vis. A, la clé à vis à tête à chapeau. B, la clé à vis à tête percée.
14. Canon quarré. A A, les trous des broches.
15. Outil d'acier à tarauder. A, le taillant.
16. Vis pour pouffer l'outil. A, la tête. B, la vis.
17. Vis de conduit. A, la tête. B, la vis. C, la tige. D, le trou pour placer l'outil.
18. Tige à chapeau montée fur fa vis. A, la tige. B, la clavette. C, la clé à chapeau. D, la tête de la vis. E, la vis. F, le quarre qui s'ajufte dans le canon.
19. Boîte d'étau. A, le canon. B, le vafe.
20. Couffinet de conduit pour la boîte. A, le trou taraudé. B B, les languettes.
21. Tourne-à-gauche. A, la clé. B B, les branches.
22. Nue des jumelles de la machine. A, le T. B, la feuillure. C, le trou de la vis du pouffoir. D D, les trous des entre-toifes d'en-haut. E, la tige. F, la croix. G, le trou de la vis à maintenir le couffinet de conduit ou la boîte. H H, les trous des entre-bas. I I, les piés. K K, les pattes.
23. & 24. Entre-toifes d'en-haut. A A, les entre-toifes. B B, &c. les vis. C C, &c. les écrous.
25. & 26. Entre-toifes d'en-bas. A A, les entre-toifes. B B, &c. les vis. C C, &c. les écrous.
7. & 28. Vis en bois à tête à chapeau pour arrêter la machine fur le plancher. A A, les vis. B B, les têtes.

Fabrique des étaux, contenant deux Planches.

PLANCHE Iere.

La vignette repréfente l'intérieur d'une boutique de taillandier & différentes opérations.

Fig. 1. Ouvrier qui marque une vis, c'eft-à-dire qu'avec un cifeau ou burin il trace fur le corps de la vis à-travers le papier rayé les filets de la vis.
2. Forgeron qui fait chauffer à la forge un outil qu'il veut tremper.
3. Ouvrier qui forme à la machine le filet d'une vis d'étau.
4. Tourneur qui fait fur le tour une vis de preffe.
5. Ouvrier qui tourne la roue dont l'axe eft armé d'une manivelle double, aux coudes de laquelle la corde qui paffe fur la poulie *m*, eft attachée, en forte que la piece d'ouvrage tourne & retourne fur elle-même en même tems que les clavettes de la poupée à clavettes l'obligent d'avancer & de reculer à chaque révolution d'une quantité égale à la diftance qui eft entre les pas de la vis.

Bas de la Planche.

Fig. 1. Repréfentation perfpective & plus en grand de l'affutage de la *fig.* 4.
2 La poupée à clavette dont la partie antérieure eft fuppofée retranchée ; ce que les hachures obliques font connoître pour laiffer voir les mortaifes dans lefquelles paffent les clavettes.
3. Q, la poulie. M, la boîte. M 2, la virole. V 2, les couffinets.
4. L'arbre guide. R, portée quarrée à laquelle s'applique la poulie. R 2, écrou à fix pans qui la retient en place.
5. Vis de preffe entierement achevée.
6. Manivelle double qui s'adapte à l'axe de la roue, *fig.* 5. de la vignette ; la boîte Z reçoit le quarré de l'arbre de la roue, & le tourillon *u* repofe fur un poteau vertical. *x γ* moufles auxquelles la corde qui paffe fur la poulie montée fur l'ouvrage vient s'attacher.
7. Autre vis de preffe. ζ, vis avant que le filet en foit formé. ζ 2, la même vis entierement achevée.
8. Deux outils. *t*, bec-d'âne. *u*, grain-d'orge.
9. Clavettes.
10. Peignes droits & de côté.

PLANCHE II.

Fig. 11. Repréfentation perfpective & plus en grand de l'affutage de la *fig.* 3. de la vignette ; le porte-outil eft fixé fur le banc par un T : *f* à vis, au lieu d'une clavette, comme il eft dit dans l'article.
12. Les deux poupées à lunette traverfées par une vis d'étau ; à côté eft l'arbre *g f* qui fert de guide.
13. Différentes vues perfpectives du porte-outil.
14. Deux papiers rayés pour coler fur un cylindre que l'on veut former en vis. Le premier qui eft entouré de chiffres, eft pour former une vis à fimple filet à gauche, & le fecond rempli de lettres, eft pour former une vis à droite : dans l'un & l'autre, les bandes colorées doivent fe rejoindre lorfque le papier eft colé fur le cylindre, de maniere que la ligne *a c* joigne la ligne *b d* ; ce qui fait que les bandes *e, f, g, h, k, l*, ne forment plus qu'une feule hélice fuivant laquelle on creufe les entre-filets de la vis.
15. Elle fait voir, à commencer à A 2 & A 3 & finir à A 8, la fuite des chaudes & les différens états par où paffe une vis d'étau avant d'être achevée.
16. Dans l'article cité *fig.* 6. on voit les deux jumelles féparées l'une de l'autre.
17. Auffi cité 7. Etau complet garni de toutes fes pieces.
18. Elle fait voir la fuite des chaudes & les différentes pieces qui compofent une boîte d'étau à filet brafé.
19. Autre bride pour fixer l'étau à l'établi.

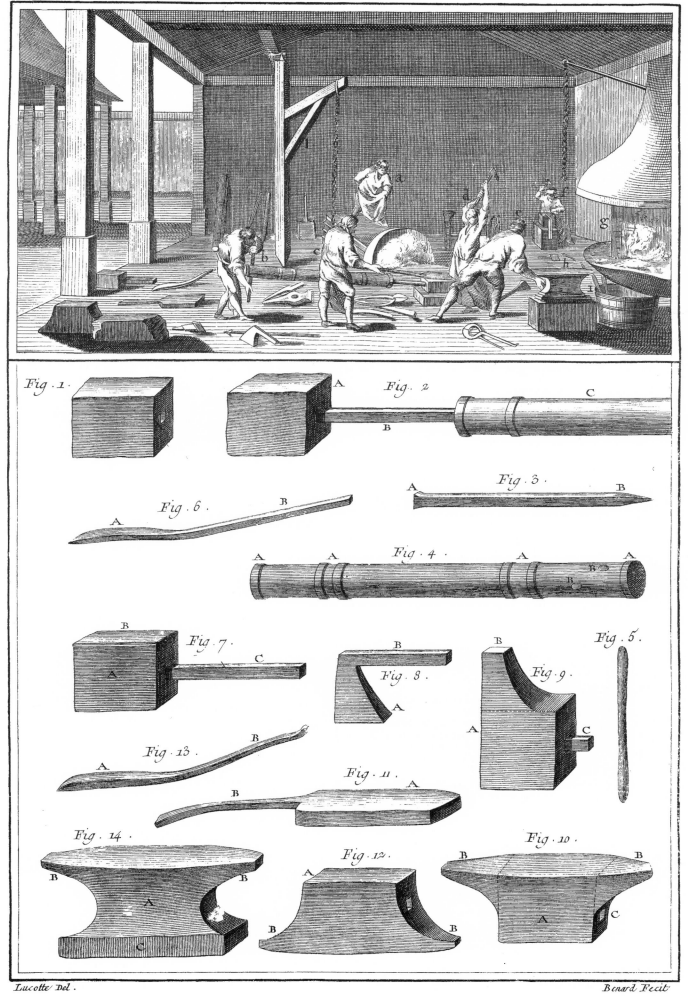

Pl. I.

Fig. 1.

Fig. 2.

Fig. 3.

Fig. 4.

Fig. 5.

Fig. 6.

Fig. 7.

Fig. 8.

Fig. 9.

Fig. 10.

Fig. 11.

Fig. 12.

Fig. 13.

Fig. 14.

Lucotte Del.

Benard Fecit.

Taillanderie, Maniere de faire les Enclumes.

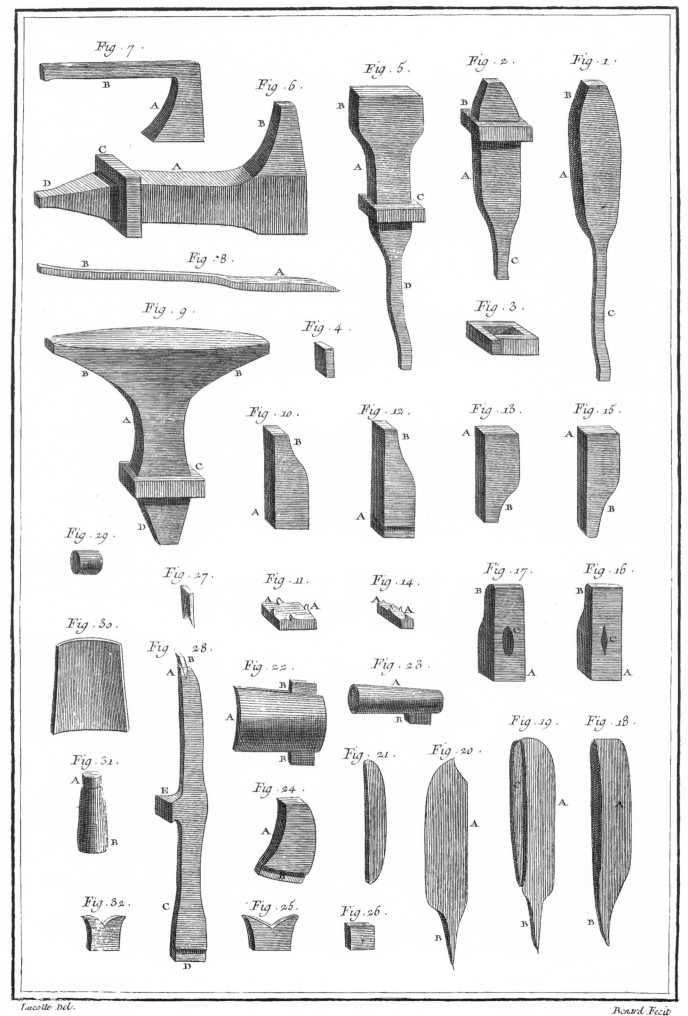

Pl. II.

Fig. 7.
Fig. 6.
Fig. 5.
Fig. 2.
Fig. 1.
Fig. 8.
Fig. 9.
Fig. 4.
Fig. 3.
Fig. 10.
Fig. 12.
Fig. 13.
Fig. 15.
Fig. 29.
Fig. 27.
Fig. 11.
Fig. 14.
Fig. 17.
Fig. 16.
Fig. 30.
Fig. 28.
Fig. 22.
Fig. 23.
Fig. 31.
Fig. 19.
Fig. 18.
Fig. 21.
Fig. 20.
Fig. 24.
Fig. 32.
Fig. 25.
Fig. 26.

Lucotte Del.

Benard Fecit.

Taillanderie, *Maniere de faire les Bigornes, Marteaux, Serpes &c.*

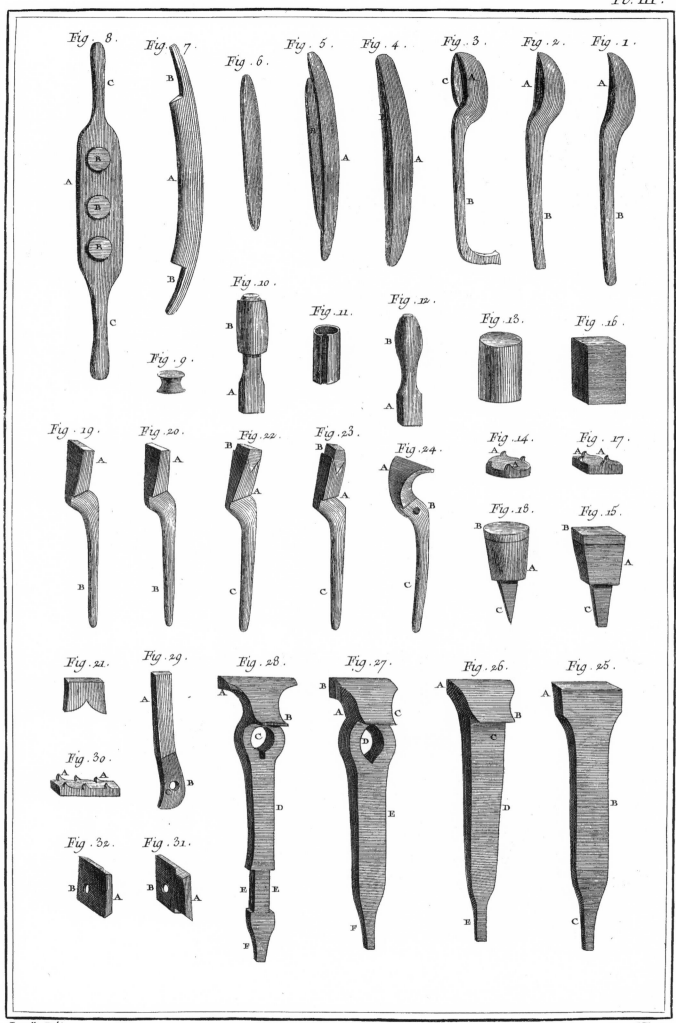

Pl. III.

Fig. 8. Fig. 7. Fig. 6. Fig. 5. Fig. 4. Fig. 3. Fig. 2. Fig. 1. Fig. 10. Fig. 11. Fig. 12. Fig. 13. Fig. 16. Fig. 9. Fig. 19. Fig. 20. Fig. 22. Fig. 23. Fig. 24. Fig. 14. Fig. 17. Fig. 18. Fig. 15. Fig. 21. Fig. 29. Fig. 28. Fig. 27. Fig. 26. Fig. 25. Fig. 30. Fig. 32. Fig. 31.

Lucotte Del.

Benard Fecit

Taillanderie, *Maniere de faire les Cisailles, Pinces, Tenailles, Etaux &c*

Pl. IV.

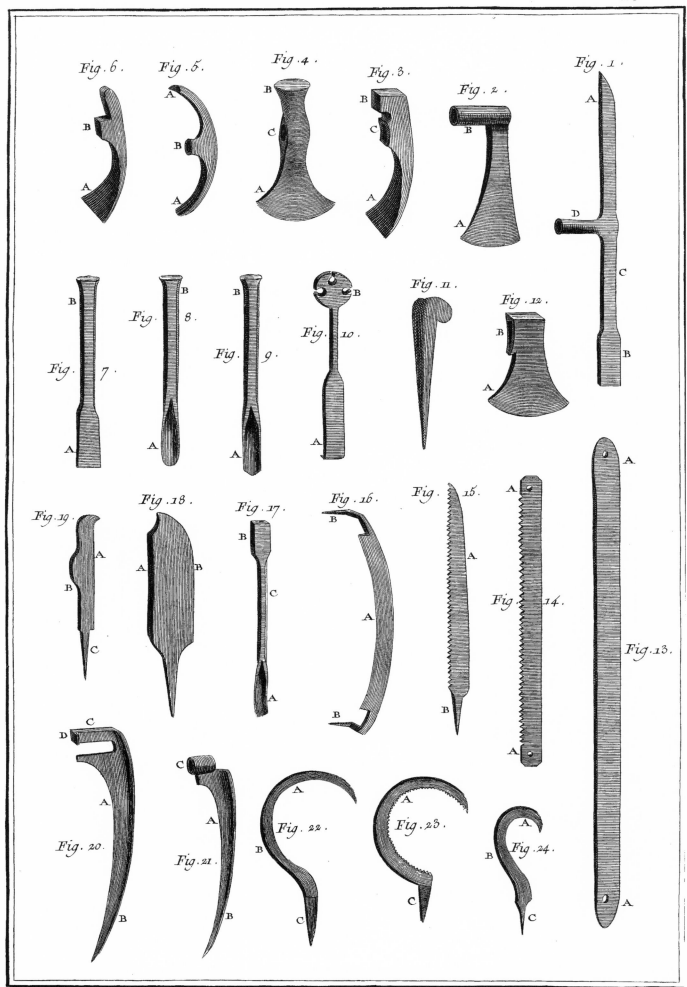

Fig. 6. Fig. 5. Fig. 4. Fig. 3. Fig. 2. Fig. 1.

Fig. 7. Fig. 8. Fig. 9. Fig. 10. Fig. 11. Fig. 12.

Fig. 19. Fig. 18. Fig. 17. Fig. 16. Fig. 15. Fig. 14. Fig. 13.

Fig. 20. Fig. 21. Fig. 22. Fig. 23. Fig. 24.

Lucotte Del.

Benard Fecit.

Taillanderie, Œuvres Blanches.

Pl. V.

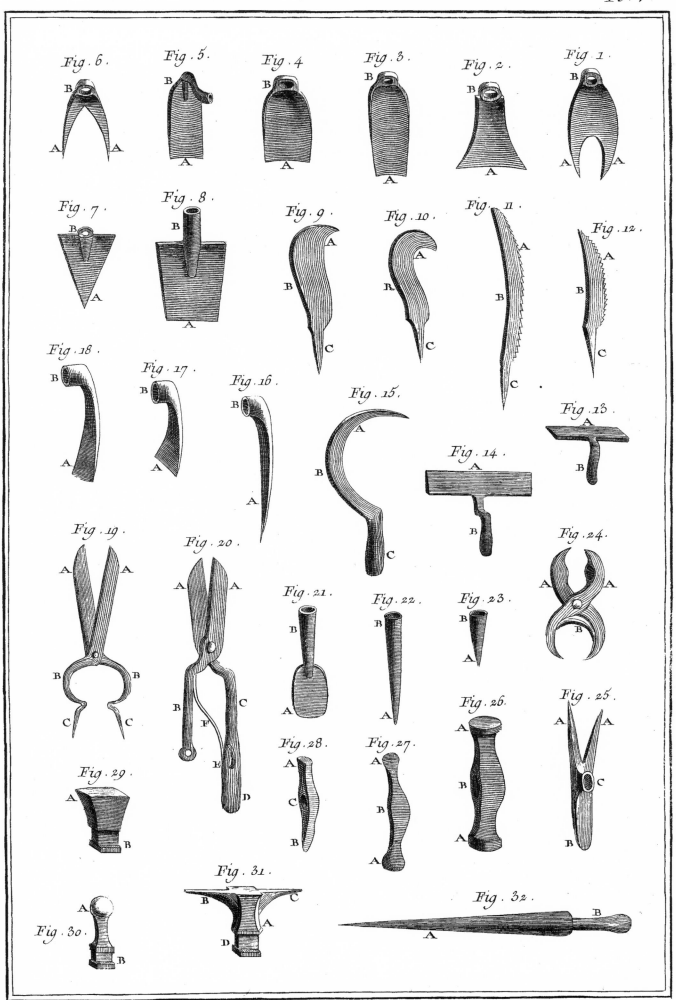

Lucotte Del.

Benard Fecit.

Taillanderie, Œuvres Blanches

Pl. VI.

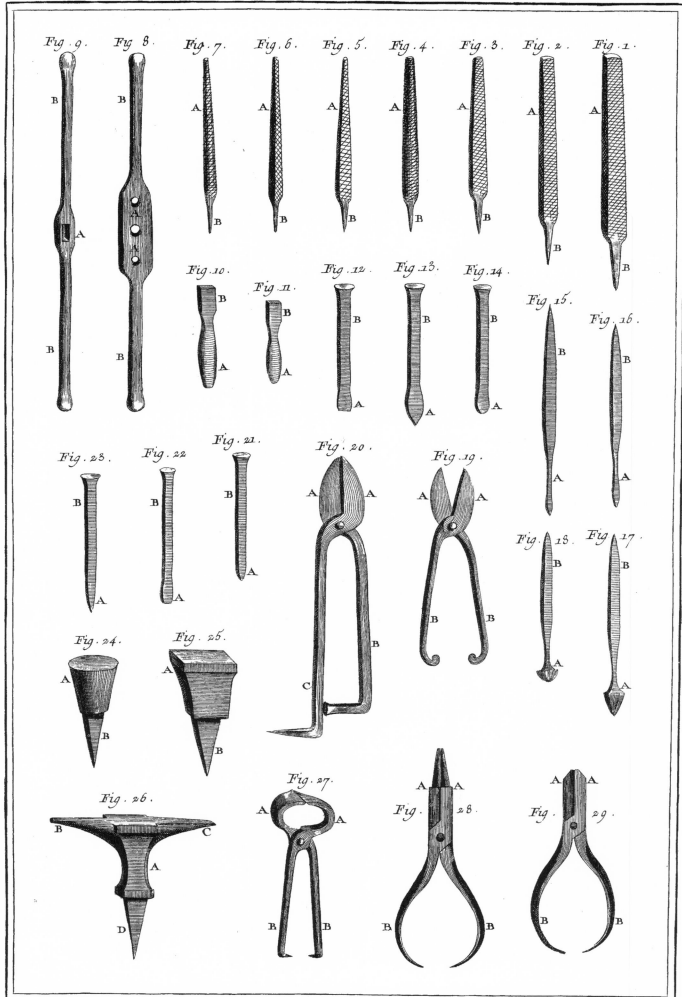

Fig. 9. Fig. 8. Fig. 7. Fig. 6. Fig. 5. Fig. 4. Fig. 3. Fig. 2. Fig. 1.

Fig. 10. Fig. 11. Fig. 12. Fig. 13. Fig. 14. Fig. 15. Fig. 16.

Fig. 23. Fig. 22. Fig. 21. Fig. 20. Fig. 19. Fig. 18. Fig. 17.

Fig. 24. Fig. 25. Fig. 26. Fig. 27. Fig. 28. Fig. 29.

Incotte Del.

Benard Fecit.

Taillanderie, Vrillerie.

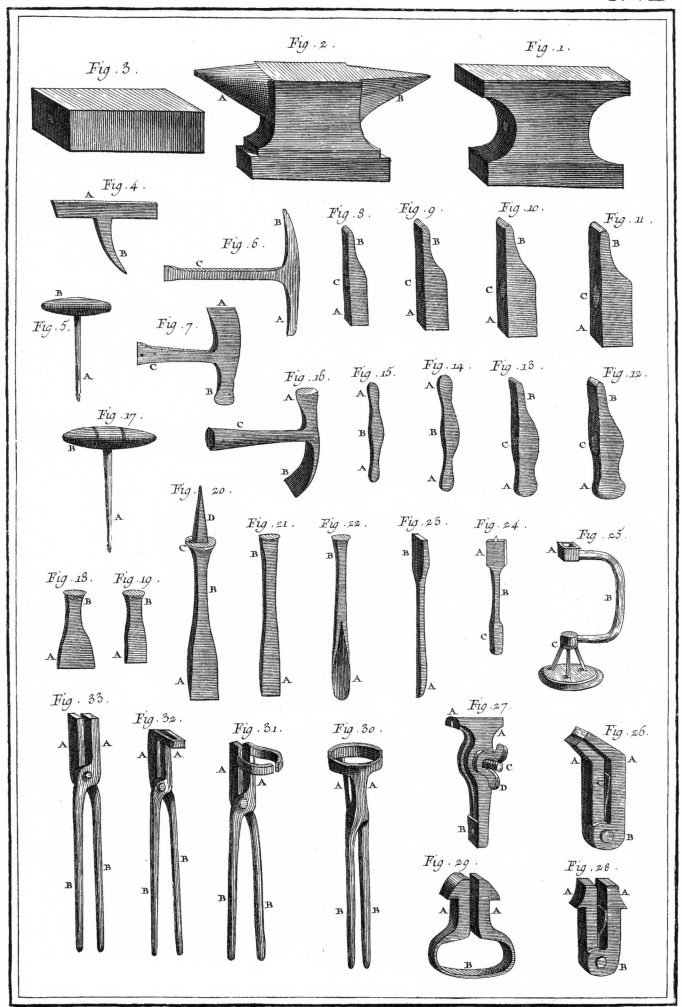

Pl. VII.

Fig. 3.　Fig. 2.　Fig. 1.

Fig. 4.　Fig. 6.　Fig. 8.　Fig. 9.　Fig. 10.　Fig. 11.

Fig. 5.　Fig. 7.　Fig. 16.　Fig. 15.　Fig. 14.　Fig. 13.　Fig. 12.

Fig. 17.　Fig. 20.　Fig. 21.　Fig. 22.　Fig. 23.　Fig. 24.　Fig. 25.

Fig. 18.　Fig. 19.

Fig. 33.　Fig. 32.　Fig. 31.　Fig. 30.　Fig. 27.　Fig. 26.

Fig. 29.　Fig. 28.

Lucotte Del.

Benard Fecit.

Taillanderie Vrillerie.

Pl. VIII.

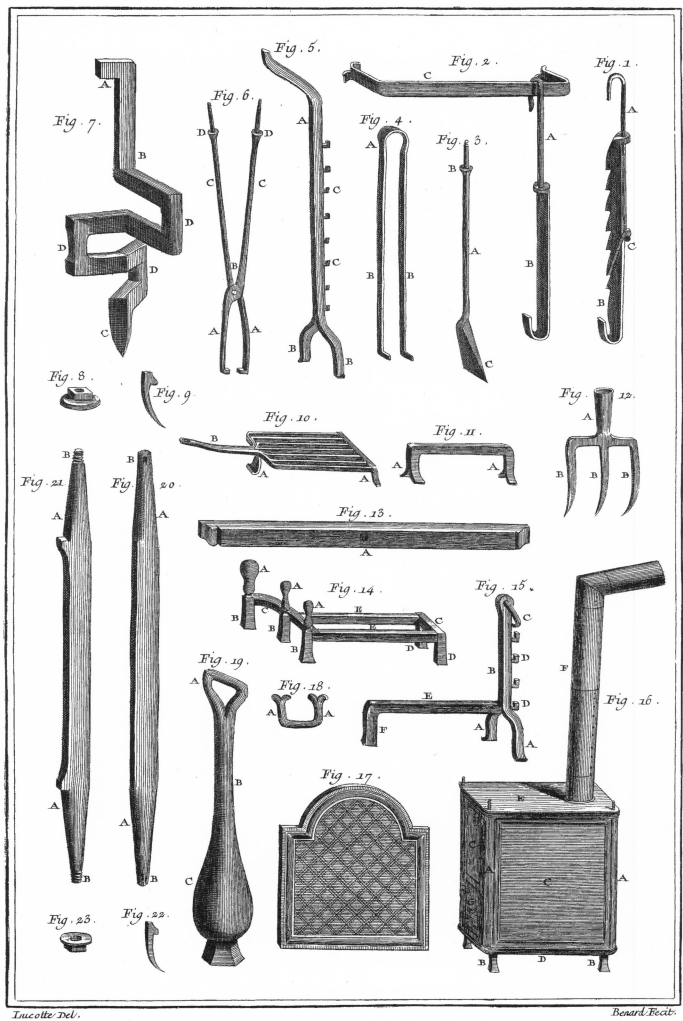

Taillanderie, Grosserie

Pl. IX

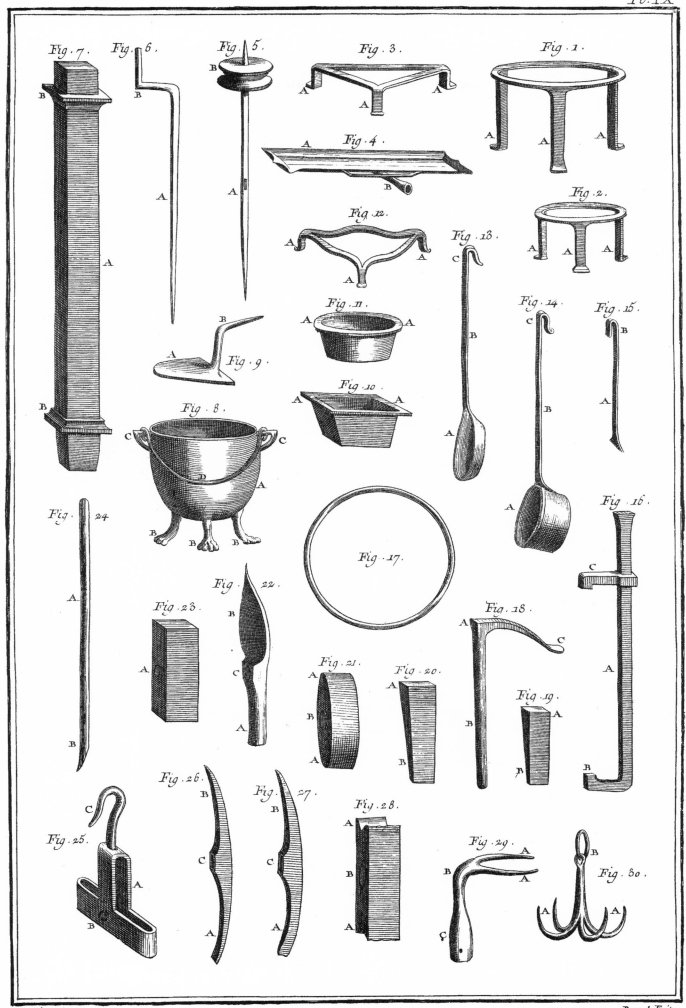

Fig. 7. Fig. 6. Fig. 5. Fig. 3. Fig. 1.
Fig. 4.
Fig. 2.
Fig. 12.
Fig. 13.
Fig. 11.
Fig. 14. Fig. 15.
Fig. 9.
Fig. 8. Fig. 10.
Fig. 16.
Fig. 17.
Fig. 24.
Fig. 22.
Fig. 23. Fig. 18.
Fig. 21. Fig. 20. Fig. 19.
Fig. 26. Fig. 27. Fig. 28.
Fig. 25. Fig. 29. Fig. 30.

Lucotte Del.

Benard Fecit.

Taillanderie, Grosserie.

Pl. X.

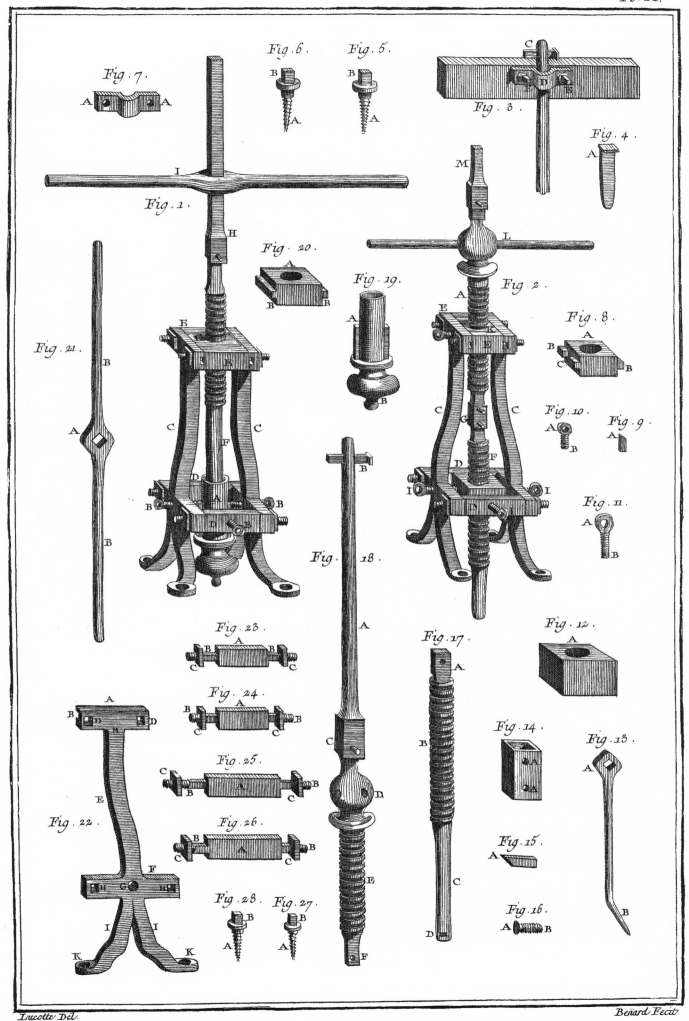

Fig. 7.

Fig. 6.

Fig. 5.

Fig. 3.

Fig. 4.

Fig. 1.

Fig. 20.

Fig. 19.

Fig. 2.

Fig. 8.

Fig. 21.

Fig. 10.

Fig. 9.

Fig. 11.

Fig. 18.

Fig. 23.

Fig. 12.

Fig. 17.

Fig. 24.

Fig. 14.

Fig. 13.

Fig. 25.

Fig. 22.

Fig. 26.

Fig. 15.

Fig. 28.

Fig. 27.

Fig. 16.

Lucotte Del.

Benard Fecit.

Taillanderie, Machine à Tarrauder les Boëtes et Vis d'Etaux.

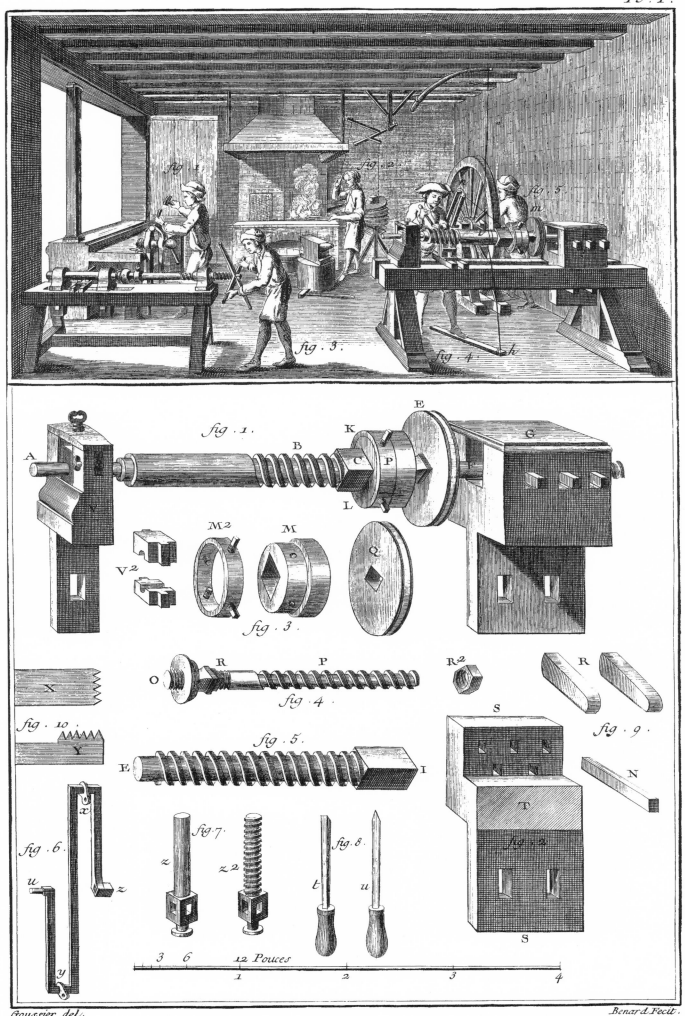

Pl. I.

fig. 1.

fig. 2.

fig. 5.

fig. 3.

fig. 4.

fig. 1.

A   B   K   E   C   P   G

L

M2   M   Q

V2

fig. 3.

O   R   P   R2   R

fig. 4.

X

fig. 10.   Y

fig. 5.   S   N

E   I   T

fig. 6.   *fig. 7.*   *fig. 8.*   *fig. 2.*

x   z   z2   t   u

u   z   S

y

3   6   12 Pouces

1   2   3   4

Goussier del.   Benard Fecit.

Taillanderie, Fabrique des Étaux.

Pl. II

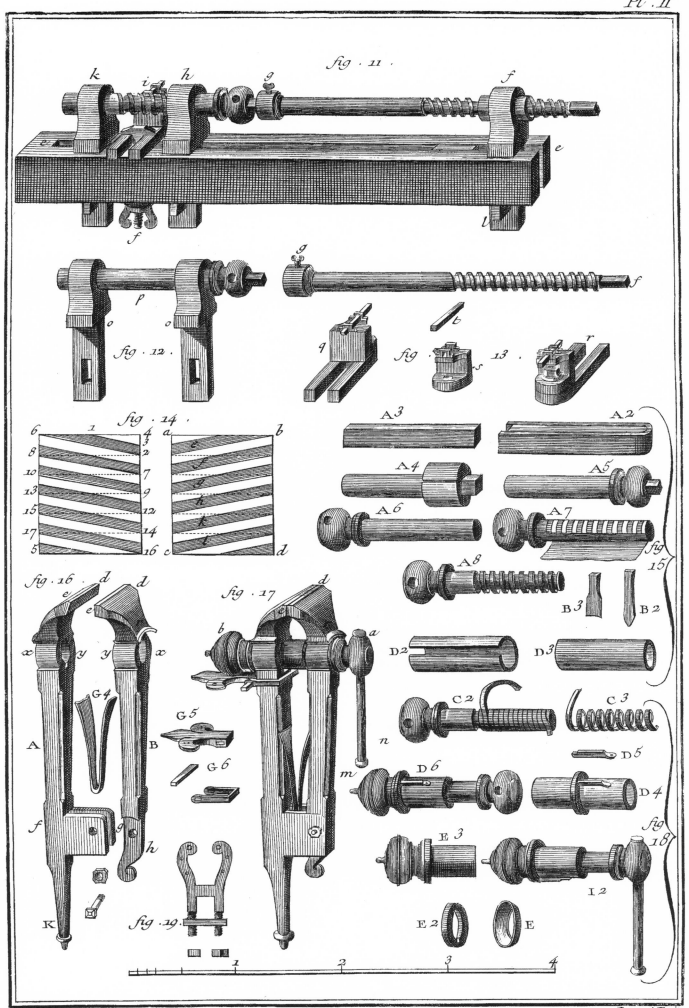

fig. 11.

fig. 12.

fig. 13.

fig. 14.

fig. 15.

fig. 16.

fig. 17.

fig. 18.

fig. 19.

Goussier del.

Benard Fecit.

Taillanderie, suite de la fabrique des Etaux.

Achevé d'imprimer
par MAME Imprimeurs à Tours
Dépot légal : Mars 2002